Nicolas Bouzou

Le travail est l'avenir de l'homme

Éditions de L'Observatoire

ISBN : 979-10-329-0030-7
Dépôt légal : 2017, septembre
2e tirage : 2017, octobre

170 *bis*, boulevard du Montparnasse, 75014 Paris

Ce livre est pour Charles.

Je remercie Pierre Bentata pour sa relecture et ses nombreuses suggestions.

Introduction

Le travail humain est un univers infini. Heureusement pour qui aime l'espèce humaine, car c'est le travail qui humanise le monde. Pourtant, l'assertion selon laquelle la fin du travail ne nous guette pas fait aujourd'hui l'objet d'un immense doute. Pire : tenir ce genre de propos passe pour de la provocation. Plusieurs fois, ces derniers mois, j'ai senti, lorsque je m'exprimais sur ce sujet, monter une vague de protestation dans le public, qu'il soit novice ou averti. Pourtant, on devrait, si ce n'est croire, au moins remercier celui qui affirme l'éternité de l'infinitude du travail. N'est-ce pas une excellente nouvelle que quelques-uns dans mon genre s'obstinent à penser que tout n'est pas perdu, que le travail va continuer de structurer nos sociétés et que vos enfants pourront vivre décemment et dignement ? Visiblement non. Le désenchantement du monde a atteint des sommets, ce qui altère la vision prospective du travail et de l'emploi. Pour la plupart de mes concitoyens, tout se dissout dans la mondialisation, la technologie et la médiocrité : l'école, la politique, la sécurité sociale et le travail. Fin 2015, selon un sondage de l'institut britannique Yougov, 10 % des Suédois et 8 % des Danois, des Finlandais et des Norvégiens estimaient que l'état du monde s'améliorait. Ils étaient 6 % des Américains,

4 % des Britanniques et des Allemands et 3 % seulement des Français à partager ce diagnostic. Seules les populations chinoise et indonésienne étaient majoritairement optimistes.

Le XXIe siècle nous offre l'image inversée du XIXe. À une époque encore baignée par les Lumières et Condorcet, chacun pensait que les progrès de la science et de l'éducation allaient faire éclore le progrès tout court, celui qui offre un travail rémunérateur et respectable, qui arrache les pauvres à la misère, qui rend les malades bien portants, les ignares éduqués, les malheureux épanouis. Les guerres, les catastrophes nucléaires, le réchauffement climatique et le chômage du XXe siècle ont fait taire Condorcet. Les populations des pays les plus riches abordent le XXIe siècle avec un état d'esprit opposé à celui de leurs ancêtres. Elles utilisent l'innovation technologique comme produit de consommation, mais s'en estiment prisonnières et craignent qu'elle menace leur vie privée. Elles se font soigner grâce aux médicaments les plus chers, mais s'inquiètent de leur coût. Elles perçoivent l'innovation, dans toutes ses dimensions, plus destructrice que créatrice : destructrice de la vie sociale, de la vie privée, du droit, de la fiscalité, de l'État-providence et, surtout, destructrice de l'emploi. La psychologie de mes contemporains a érigé une barrière étanche entre l'innovation et le progrès, là où nos ancêtres du XIXe siècle avaient hâtivement marié les deux pour l'éternité.

À chaque période de mutation technologique et économique, la peur de la fin du travail resurgit. C'est une constante de l'histoire économique et de l'histoire des idées. Simplement, en Europe, cette peur prend une ampleur inédite en raison de la prédominance du pessimisme, contrecoup de notre XXe siècle qui aurait dû être celui du progrès humain mais ne le fut pas tout à fait. Dans les pays qui, comme la France, sont touchés, depuis longtemps, par le chômage de masse, la fin du travail fournit aussi une justification intellectuelle de seconde main à ceux qui refusent d'admettre que le plein-emploi est le régime normal d'une économie de marché point trop déréglée par l'interventionnisme étatique et la fiscalité. La « fin du travail » ou le « chômage technologique[1] » relèvent de peurs ataviques ou d'excuses de mauvais élèves.

Dans le domaine du travail, les fausses idées ne sont pas le monopole du « commun des mortels ». Elles sont largement partagées par ceux qui devraient comprendre le monde économique. Ainsi, j'entends chaque semaine des entrepreneurs du numérique m'expliquer, la mine grave, qu'un commerce en ligne fait travailler moins d'individus qu'un constructeur automobile de l'après-guerre. Toute modestie mise à part, cela ne m'avait pas échappé. Mais ce sophisme ne nous apprend rien sur le chômage dans une nation, et le proférer implique des conséquences délétères. Alimenter la thèse de la fin du travail conduit le débat public dans une impasse : celle du malthusianisme de l'emploi et du revenu universel alors même qu'il y a tant à entreprendre pour préparer, non pas la fin du travail, mais sa mutation, qui plonge ses racines dans le numérique, la robotique, et surtout l'intelligence artificielle, « faible » aujourd'hui, « forte » demain. Cette mutation est la plus ample et la plus rapide depuis la révolution industrielle commencée à la fin du XVIIIe siècle. Non,

1. Le chômage technologique apparaît quand des travailleurs perdent leur emploi en raison des progrès technologiques et n'en retrouvent pas immédiatement.

l'immense transformation technologique et économique que nous connaissons ne signe pas la fin du travail. C'est heureux car le travail doit rester la matrice de l'organisation de nos sociétés. Il y va, non seulement de notre prospérité, mais de l'existence de l'humanité à l'heure où l'intelligence artificielle progresse à un rythme exponentiel. Non, nous n'avons pas besoin de mettre en place un revenu universel d'existence qui ajouterait à une catastrophe financière une catastrophe morale. Une « société du plein travail » est non seulement possible, mais indispensable. Elle nécessite de mener des réformes pertinentes dans les domaines de l'économie et de l'éducation. De tout cela on parle, en France, depuis des décennies mais sans que l'action politique s'en soit jusqu'à maintenant sérieusement préoccupée. Pourtant, si l'exigence du plein-emploi était justifiée par le passé, elle prend une ampleur nouvelle avec la mutation technologique à proprement parler extraordinaire que nous connaissons. Si nous ne faisons pas du travail une question intellectuelle et politique prioritaire, nos sociétés se transformeront en colonies d'esclaves humains désargentés et malheureux.

Les pages qui suivent, comme dans mes ouvrages précédents, empruntent des arguments à l'analyse économique, à l'histoire et à la philosophie. Depuis près de deux mille ans, le travail humain a façonné notre civilisation. Ces prochaines décennies, c'est le travail qui rendra le monde encore plus humain.

1

L'infinitude du travail

L'histoire de la fin du travail

Les interrogations sur la disparition du travail ont l'âge de l'humanité bien qu'elles se soient posées, au fil du temps, de différentes façons. Le problème fut historiquement abordé sous un angle moral puis économique. Les philosophes de l'Antiquité se demandaient si la force des animaux pouvait se substituer à celle des esclaves. Ils craignaient que le progrès « technologique » (l'animal est un « engin mécanique vivant ») déséquilibre un ordre social sacré chez les Grecs puisque assimilé à l'ordre cosmique, bon en soi. Aristote voyait les esclaves et les animaux comme des facteurs de production substituables, comme aujourd'hui un matérialiste radical de la Silicon Valley voit dans l'homme une machine biologique complexe. Ainsi, dans *La Politique*, Aristote ne fait guère de différence entre les deux : « Au reste, l'utilité des animaux privés et celle des esclaves sont à peu près les mêmes : les uns comme les autres nous aident, par le secours de leurs forces corporelles, à satisfaire les besoins de l'existence. » Les aristocrates grecs ne travaillaient pas, mais ils faisaient la guerre. Or il y avait dans les combats une composante morale. Si le courage était une vertu, elle ne résidait pas dans la quantité de travail, mais dans la capacité de l'homme à courir des risques. Se protéger exagérément n'était pas considéré comme de la prudence, mais comme de la lâcheté, raison pour laquelle les soldats grecs n'aimaient pas la technique : l'emploi des flèches lancées au moyen d'arcs ou, plus encore, l'utilisation des catapultes les révulsaient comme les artisans du Moyen Âge refusèrent les machines : non seulement pour conserver leur emploi, mais par « amour du travail bien fait ». Georges Bernanos ne dira pas autre chose dans sa critique des robots en 1947. Selon lui, l'homme est avili par la machine qui arrache le progrès du corps pour le fourrer dans les armes. En cela, Bernanos, comme les Grecs, s'alarme de la déshumanisation liée au progrès technologique[1].

Le premier refus du progrès technique pour des raisons économiques remonte à Tibère, le deuxième empereur romain, qui régna de 14 à 37. L'histoire qui suit est rapportée par Pétrone dans *Le Satyricon*. Un ouvrier apporta à Tibère un verre incassable. Devant l'empereur, il le jeta à terre puis le ramassa à peine cabossé. Il le répara de quelques coups de marteau. L'empereur lui demanda s'il était le seul à connaître le procédé de fabrication de ce verre. L'ouvrier, en lui assurant que c'était le cas, signa son arrêt de mort. Tibère craignait que la généralisation du verre incassable fît perdre sa valeur à l'or. *Le Satyricon* est considéré comme un roman et non comme un livre d'histoire, mais, quelques années après Pétrone, Pline l'Ancien confirme l'anecdote dans son *Histoire naturelle* : « On détruisit aussitôt la verrerie de l'inventeur pour ne point laisser

1. *Cf.* Georges Bernanos, *La France contre les robots*, Le Castor astral, 2015.

tomber le bronze, l'or et l'argent en discrédit. » Dès le début de notre ère, les responsables politiques ont souhaité les conséquences du progrès économique sans en accepter son coût le plus évident : la « destruction créatrice » schumpétérienne.

Vespasien fut le premier empereur angoissé par le chômage technologique. Il régna de 69 à 79 et reste connu des Français pour avoir laissé, sans le vouloir, son nom aux toilettes publiques parisiennes. Il n'en est pourtant pas l'inventeur. L'Empire souffrait de difficultés financières et Vespasien cherchait par tous les moyens, y compris illégaux, à trouver de nouvelles recettes. Il eut l'idée de taxer la collecte de l'urine qui permettait à l'époque de laver les textiles et de fixer les teintures. À Pompéi, on peut encore voir ces bacs à urine au milieu des colonnes, des mosaïques et des fresques. Son fils Titus lui reprocha cet impôt baroque. Vespasien lui mit sous le nez des pièces ainsi collectées par le fisc. N'étaient-elles pas comme les autres ? Nous savons grâce à Vespasien que « l'argent n'a pas d'odeur ». Depuis Auguste et l'Empire, la politique économique de Rome était de moins en moins libérale, de plus en plus dirigiste. Les empereurs appréciaient les grands travaux. Auguste se vantait d'avoir trouvé à Rome une ville de briques et laissé une ville de marbre. Vespasien voulait réaménager le Capitole, victime d'un incendie sous Néron dans les années 60. Suétone raconte qu'un ingénieur obtint audience pour présenter à l'empereur une technique de transport à peu de frais des colonnes immenses. Vespasien acheta le devis mais ne s'en servit jamais. « Permets-moi de nourrir le pauvre peuple. » Le faible développement économique du monde jusqu'à la révolution industrielle de la fin du XVIIIe siècle n'est pas seulement lié à la prétendue stagnation scientifique ou aux blocages institutionnels et religieux, mais à la politique : le refus de la productivité et de la perte d'emplois joua un rôle. Il semblerait que Dioclétien, au tournant du IIe et du IIIe siècle, tint le même raisonnement. Il prohiba l'utilisation d'une machine de levage de colonnes pour ne pas « priver le peuple de son pain ».

Dans un superbe livre publié en 2012[1], Daron Acemoglu et James Robinson racontent comment William Lee, l'inventeur de la machine à tricoter des bas, fut éconduit en 1589 par la reine Elisabeth Ire. Lee était parti à Londres demander un brevet à la reine, persuadé que celle-ci, enchantée de voir ses sujets épargnés d'un labeur répétitif et capables d'acheter à moindre coût les fameux bas, accéderait à son désir sans sourciller. C'était oublier la peur ancestrale de la fin du travail. La reine lui répondit qu'elle ne pouvait prendre le risque de voir ses sujets s'appauvrir et constituer des hordes de clochards. Les arguments d'Elisabeth avaient été nourris par la corporation des fabricants des bas qui s'émouvait, à juste titre, de la dévalorisation des savoirs artisanaux après la mise sur le marché de cette machine infernale. Ignorance des mécanismes économiques et sociaux ou lâcheté politique : quoi qu'il en soit, même la reine d'Angleterre eut la faiblesse de faire passer les intérêts corporatistes avant l'intérêt général.

Dans une excellente synthèse historique sur les briseurs de machines, Nicolas Chevassus-au-Louis rapporte qu'en Angleterre, pays à la pointe de l'innovation et à la population turbulente (ces deux aspects n'étaient pas indépendants), les attentats contre les machines

1. Daron Acemoglu et James Robinson, *Why Nations Fail: the Origins of Power, Prosperity, and Poverty*, Random House Digital, Inc, 2012.

se sont succédé à partir du XVIIIe siècle, à Londres en 1710 et en 1768, à Spitalfields en 1719, en 1736 et après 1760, à Nottingham en 1779 et en 1789[1]. En 1730, le métier à navette flottante de John Kay avait été la victime des casseurs comme, dans les années 1780, les métiers à tisser mécaniques d'Edmund Cartwright. Chevassus-au-Louis raconte également que les inventeurs Richard Arkwright et James Hargreaves déménageaient régulièrement leurs ateliers pour les protéger des destructions.

La peur des machines et les violences du XVIIIe siècle trouvèrent une justification intellectuelle dans les écrits de l'historien et économiste suisse Sismondi. Celui-ci publia en 1803 le traité *De la richesse commerciale ou Principes d'économie politique appliquée à la législation du commerce* qui le fit connaître, bien que l'ouvrage soit jugé par Élie Halévy « dépourvu d'originalité, simple vulgarisation des idées d'Adam Smith[2] ». Sismondi apprit les dysfonctionnements du capitalisme, non dans les livres, mais en voyageant en Angleterre. C'est là qu'il découvrit que l'optimisme des économistes, d'Adam Smith et de Jean-Baptiste Say en particulier, trouvait peu d'écho dans la réalité, celle de la pauvreté d'un côté, des greniers bourrés de blé et des magasins garnis de coton de l'autre. Say avait développé en 1803 sa loi des débouchés selon laquelle toute offre nouvelle devrait devenir un revenu et donc une demande du même ordre, ce qui rendait impossibles les crises de surproduction. Sismondi tenta de résoudre ce qui, selon sa perception des faits, était incohérent chez Say. Il livra

1. *Cf.* Nicolas Chevassus-au-Louis, *Les Briseurs de machines de Ned Ludd à José Bové*, Éditions du Seuil, 2006.

2. Élie Halévy, *Histoire du socialisme européen*, Gallimard, 1974.

sa pensée en 1819 dans les *Nouveaux Principes d'économie politique ou la richesse dans ses rapports avec la population*. Pour Sismondi, la machine et le progrès technique sont au cœur des malheurs de la société. Premièrement, l'entrepreneur qui utilise initialement une invention est capable de baisser ses prix, d'attirer la clientèle de ses concurrents et de devenir dominant sur son marché. Pour l'historien, le progrès technologique aboutit donc à la concentration des entreprises et des fortunes. Deuxièmement, cette concentration porte en elle les germes de la crise économique. En effet, l'inégalité de fortunes ainsi créée diminue le pouvoir d'achat relatif des ouvriers qui ne disposent plus des revenus susceptibles de leur faire consommer la production de leurs propres usines. Les patrons, quant à eux, disposent déjà des produits de première nécessité. Leur demande concerne surtout les biens de luxe qui ne sont pas fabriqués par la grande masse des ouvriers. En d'autres termes, la technologie augmente la production de masse mais pas la consommation de masse, d'où la crise de surproduction. Troisièmement, les entreprises n'ont d'autre choix que d'écouler leur production à l'étranger. Mais ces exportations trouvent nécessairement une limite. Sismondi conclut d'une question fulgurante : qu'arriverait-il si toute l'industrie pouvait être alimentée par une machine dont le roi d'Angleterre tournerait seul la manivelle ?

Depuis Sismondi, cette crainte ne s'est pas avérée bien que certains pensent encore que Google ou Facebook pourraient produire à l'horizon de quelques années tout ce dont nous avons besoin. C'est oublier que les entreprises ne peuvent pas s'étendre comme des taches d'huile, car, comme l'a montré Oliver Williamson, prix Nobel d'économie en 2009, même les entreprises les plus performantes finissent par être entravées par leur propre organisation et leur bureaucratie. Le cauchemar du monopole absolu ne sera jamais réalité. Mais Sismondi reste un grand auteur. Il montre par quel mécanisme complexe la technologie peut, au moins en théorie, conduire à des crises globales.

Le XIXe fut le siècle de la révolution industrielle et de gains de productivité jusqu'alors inconnus dans l'histoire de l'humanité. Jamais l'Occident n'avait connu une telle transformation. Comment s'étonner que ce siècle fût celui des grands économistes, libéraux et socialistes, optimistes et pessimistes, et celui des violences liées à la destruction créatrice ? Deux révoltes sont passées à la postérité : celle des luddites au Royaume-Uni et celle des canuts en France[1]. À partir de l'hiver 1811, les bris de machines se multiplient dans les Midlands, dans un climat économique orageux en raison des mauvaises récoltes et du blocus napoléonien. La presse de l'époque décrit une ambiance insurrectionnelle. Les casseurs agissent la nuit : de petits groupes s'arment de masses, des sentinelles veillent et communiquent par code. Les dépravations sont précédées de l'envoi d'une lettre menace signée de Ned Ludd, résident de la forêt de Sherwood (celle de Robin des Bois). Cette mise en scène permet aux casseurs de se parer de vertu, Ned Ludd n'ayant sans doute jamais existé. Mais la menace ne reste jamais lettre morte. Le mouvement luddite prend de l'ampleur et recueille une ample sympathie populaire dans les campagnes. Des usines sont détruites et des industriels exécutés. Fin janvier, plus de mille machines ont été démolies et le

1. Il semblerait que le terme « saboter » vienne des jets de sabots des ouvriers pour abîmer les machines.

mouvement s'étend au Leicestershire, au Derbyshire et au Yorkshire. Rapidement, il n'est plus question pour les autorités de laisser l'obscurantisme mettre à bas la révolution industrielle. Le gouvernement britannique mobilise des moyens amples et dissuasifs : 12 000 soldats parcourent les campagnes affectées par le désordre et la justice multiplie les déportations et les pendaisons. Les attentats prennent fin en 1812. La violence luddite n'est pas excusable, mais elle est explicable : le chômage technologique, fût-il transitoire, aggrave une situation économique et sociale dégradée par les guerres et les mauvaises récoltes. Comme souvent dans l'histoire, pour le meilleur et pour le pire, l'Angleterre aura été en avance sur la France où allait éclore la révolte des canuts lyonnais, les artisans tisserands de la soie.

Le chant des canuts procède d'une longue histoire. Notamment interprété par Yves Montand, il a été écrit en 1894 par Aristide Bruant qui s'était lui-même inspiré du poème de Heinrich Heine, *Les Tisserands de Silésie* :

> … C'est nous les canuts,
> Nous allons tout nus.
>
> Mais notre règne arrivera
> Quand votre règne finira.
> Nous tisserons
> Le linceul du vieux monde
> Car on entend déjà
> La révolte qui gronde.
>
> C'est nous les canuts,
> Nous n'irons plus nus…

Qui, dans un bouchon du vieux Lyon, n'a jamais commandé une « cervelle de canut » ? L'expression connaît deux interprétations. Elle peut qualifier le contenant du crâne des canuts ; elle s'apparente alors à une stupide et méprisante moquerie bourgeoise du supposé manque d'intelligence de ces ouvriers. La cervelle des canuts peut aussi être celle qui remplit, non pas leur crâne, mais leur assiette. Ce ne serait dans ce cas qu'un signe de pauvreté, ledit plat étant constitué d'ingrédients bon marché : fromage blanc, fromage de chèvre, herbes, échalote, un peu d'huile…

Pour comprendre pourquoi la révolte des canuts a gagné, en 1831, une telle ampleur, il faut avoir à l'esprit trois marqueurs de l'époque. Premièrement, la loi Le Chapelier de 1791 avait supprimé les corporations. Les canuts étaient donc depuis soumis à la concurrence, pour le plus grand profit de la nation, mais pas nécessairement pour le leur. Deuxièmement, en 1831, la Terreur a moins de 40 ans. La France d'alors reste fiévreuse, accoutumée à des formes de violences qui vont de la Révolution aux guerres napoléoniennes. En d'autres termes, on ne craint pas de se battre, parfois à mort, pour défendre son bien ou ses idées. Troisièmement, le pouvoir de Louis-Philippe nourrit une paranoïa en partie justifiée à l'égard des républicains, en permanence soupçonnés de vouloir déstabiliser le régime.

La conjoncture économique de 1831 n'était pas favorable aux canuts lyonnais, fortement concentrés dans le quartier de la Croix-Rousse, une commune alors indépendante de Lyon. La faiblesse de la demande avait poussé les grands donneurs d'ordres, appelés les « soyeux », à diminuer leurs prix. Les canuts étaient des artisans tisserands de second rang. Ils étaient propriétaires de leurs machines qu'ils devaient amortir en même temps qu'ils employaient à la journée des compagnons, également nourris et logés. Pour employer le langage contemporain, la soierie était organisée en un écosystème au sein duquel les canuts n'étaient pas en position de percevoir des profits importants, coincés entre des donneurs d'ordres puissants et des coûts de production en partie fixes. Cette organisation et ces difficultés ne datent pas de 1831. La généralisation des métiers Jacquard inquiète les canuts car cette machine menace leur existence. C'est le refus par les soyeux d'appliquer un tarif réglementé au bénéfice des canuts qui déclenche l'insurrection en 1831. Je risque une comparaison anachronique, mais tentante, avec les heurts qui ont opposé ces dernières années, dans un grand nombre de pays, les exploitants ou conducteurs de voiture avec chauffeur (VTC), notamment ceux qui travaillent pour Uber, et les taxis. Cette comparaison est tout sauf absurde : il s'agit dans les deux cas d'une révolte contre une innovation schumpétérienne dans un contexte économique morose. Avant d'être une entreprise de transport, Uber est une entreprise de haute technologie dont le siège se situe dans la Silicon Valley. En revanche, la société contemporaine est plus pacifique que celle du XIXe siècle. La révolte des canuts, comme celle des luddites, fait passer le conflit entre les taxis et les VTC pour une fâcherie amicale. En ce mois de novembre 1831, les ouvriers se joignent aux canuts pour prendre le contrôle de la ville. Ils entrent dans les armureries pour voler des munitions et s'opposent violemment à la garde nationale et à l'infanterie. Dans ce combat gauche-droite, corporatisme contre bourgeoisie libérale, ce sont les soyeux, aidés par le gouvernement et la répression, qui l'emportent. Ils bénéficient même de la suppression du tarif que les canuts voulaient voir imposé. En 1834, une seconde insurrection, pilotée par les républicains, sera réprimée par Adolphe Thiers, alors ministre de l'Intérieur, au prix de bombardements, de massacres, d'emprisonnement et de déportations. La révolte ouvrière est aujourd'hui, dans le pire des cas, un combat. Il y a moins de deux siècles, elle était une guerre.

L'histoire de la fin du travail n'est pas seulement colorée de peur, mais aussi d'impatience. Certains auteurs ne se sont pas inquiétés de la disparition du travail, mais ont regretté qu'elle tarde. Dans un livre tonique et folklorique, Paul Lafargue, le gendre de Karl Marx, fait l'éloge en 1880 du *Droit à la paresse* en opposition au droit au travail défendu par les révolutionnaires de 1848. Tocqueville avait considéré le droit au travail comme une folle lubie socialiste, Lafargue l'envisage comme une injonction esclavagiste. À l'inverse de la plupart de ses contemporains, Lafargue se désole que la machine n'ait pas remplacé le travail humain, avec un sens de la formule lyrique : « À mesure que la machine se perfectionne et abat le travail de l'homme avec une rapidité et une précision sans cesse croissantes, l'ouvrier, au lieu de prolonger son repos d'autant, redouble d'ardeur, comme s'il voulait rivaliser avec la machine. Ô concurrence absurde et meurtrière. » L'intuition provocatrice de Lafargue n'était pas infondée. Depuis la publication de son *Droit à la paresse*, la productivité horaire du travail (en France) a été multipliée par vingt et la durée du travail a été divisée par deux. Il y a donc bien une extraordinaire résistance traditionnelle à la baisse du temps de travail qui montre que nos sociétés n'ont jamais donné la priorité au repos.

Dans un essai publié dix ans après le *Droit à la paresse*, Oscar Wilde analyse la modernité du socialisme au regard du progrès technique. Ce petit livre, *L'Âme humaine sous le régime socialiste*, est étonnant, passionnant, amusant et irritant. L'avantage de la grande intelligence, c'est que tout ce qu'elle raconte est intéressant, même quand c'est un peu délirant. Dans cet ouvrage (ou plutôt ce long article), Oscar Wilde nous met en face du paradoxe suivant : l'individualisme, hautement désirable, ne peut s'épanouir que dans une société socialiste. En effet, le régime de la propriété privée oblige les individus à accepter des métiers qui ne leur correspondent pas, qui les avilissent et ne permettent pas à leur potentiel artistique de s'exprimer. Car, pour l'auteur, « l'art est le mode d'individualisme le plus intense que le monde ait connu ». Des individualités comme Darwin, Keats, Renan ou Flaubert se sont épanouies dans un monde capitaliste car elles ont en réalité réussi à lui échapper, à vivre à côté du système en faisant semblant d'en faire partie. L'épanouissement individuel ne repose pas nécessairement sur la paresse comme chez Lafargue, mais sur l'effacement de la frontière entre travail et loisir pour aller vers ce qu'Oscar Wilde appelle l'activité. À ce titre, la machine peut littéralement sauver l'humanité si les hommes osent l'utiliser comme esclave. Aussi, Wilde n'hésite pas à affirmer que « sur ce point, les Grecs avaient tout à fait raison ». Heureusement, la technologie nous épargne d'avoir à transgresser l'humanisme ! Wilde propose de déléguer aux machines les tâches dégradantes et pénibles pour libérer du temps humain qui pourra être utilisé pour les activités artistiques : « Actuellement, la machine fait concurrence à l'homme. Dans des conditions normales, la machine sera pour l'homme un serviteur. » Voilà, pour Oscar Wilde, là où se trouve le caractère émancipateur du socialisme : non dans la charité obligatoire, mais dans la technologie qui libère ! Wilde dit l'inverse de certains socialistes contemporains qui rejettent la technologie sur l'autel de la décroissance et qui voudraient placer la terre entière sous assistanat. Pour Wilde, il faut abolir la propriété privée, mettre la machine au service de tous et pas seulement des possesseurs de capitaux, laisser disparaître le travail pour donner toute sa place à l'art : « En organisant le travail des machines, la société fournira les choses utiles, pendant que les belles choses seront faites par l'individu. » Peu importe que tous les humains ne soient pas artistes, peu importe que les machines ne naissent pas de générations spontanées, peu importe qu'un humain souhaite être soigné par un humain : Oscar Wilde n'aimait ni l'économie ni les économistes, et les génies ont bien le droit de se laisser aller puisque, chez eux, ce qui est faux est pertinent.

Ce chômage, espéré par Lafargue pour paresser, attendu par Wilde pour créer, Keynes s'en soucie sans panique. Il l'observe et l'analyse sans le craindre exagérément. C'est lui qui, dans un célèbre texte de 1930, introduit l'expression de chômage technologique, c'est-à-dire d'un chômage de masse qui serait lié à la destruction des emplois par le progrès technique[1]. Ces lignes ayant été abondamment commentées et déformées, je les cite afin que le lecteur puisse construire sa propre opinion, sachant que le mieux reste évidemment de lire le texte en intégralité (il est relativement court – je traduis moi-même) : « Nous sommes affligés d'une

1. Dans *Economic Possibilities for our Grandchildren.*

nouvelle maladie dont certains lecteurs n'ont jamais entendu parler, mais à laquelle ils auront affaire ces prochaines années, le chômage technologique. Ce chômage provient du fait que l'on découvre de nouvelles façons d'économiser du travail plus rapidement que de nouvelles utilisations de ce travail. Mais cette phase n'est que temporaire. À long terme, l'humanité résout ses problèmes économiques. J'anticipe que le niveau de vie dans les pays en croissance sera d'ici 100 ans entre quatre et huit fois ce qu'il est aujourd'hui. » Une fois n'est pas coutume, Keynes est limpide et son argumentation est universelle, dans le temps et dans l'espace. Selon lui, il existe bien un phénomène de chômage technologique quand l'innovation se diffuse rapidement (ce qui est encore plus clair aujourd'hui qu'au moment où Keynes rédige ce texte). Mais ce chômage est transitoire. Au fond, Keynes pensait que le marché abandonné à son libre fonctionnement laissait émerger de nombreux déséquilibres, dont le chômage constituait le plus délétère, celui contre lequel la guerre devrait être sans merci. Mais il considérait aussi que de bonnes politiques économiques pouvaient empêcher ou résorber ces déséquilibres. Cette idée constitue le fil conducteur de son œuvre. Cette capacité de correction par les politiques publiques est aujourd'hui remise en cause par ceux, nombreux, pour qui l'humanité ne peut plus s'adapter à un chômage technologique qui la submergerait. Keynes n'aurait pas démissionné devant pareille difficulté. Il aurait bataillé pour des politiques publiques de plein-emploi.

À peu près au moment où Keynes introduisait la notion de chômage technologique, en pleine crise des années 1930, le maire de Palo Alto envoyait une lettre au président républicain Hoover dans laquelle il comparait la technologie à Frankenstein (ce qui montre au passage qu'il n'avait pas lu le livre puisque Frankenstein n'est pas le monstre, mais le docteur qui lui donne vie) sur le point de dévorer la civilisation. Évidemment, que Palo Alto soit devenue depuis la capitale de l'innovation mondiale confère une ironie plaisante à cette anecdote.

Dès 1997, Jeremy Rifkin s'alarmait dans un livre à succès de « la fin du travail[1] ». Il donnait incidemment à la gauche française des munitions intellectuelles pour orchestrer la réduction du temps de travail de 39 à 35 heures par semaine même si, gouvernement après gouvernement, des possibilités ont été ouvertes pour les entreprises qui souhaitaient bénéficier de souplesse. Dans cet ouvrage où la plupart des thèses ont été, au moins jusqu'à maintenant, infirmées par les faits, Rifkin prophétisait « un monde sans travailleurs ou presque ». D'après le Bureau international du travail, le taux de chômage mondial en 2016 (pour la population des individus âgés de plus de 15 ans) s'élevait à 5,8 % de la population active. En 2000, date de la première statistique disponible pour cet indicateur, il montait à 6,4 %. Pourtant, entre 2000 et 2016, la population active mondiale a progressé de 2,8 à 3,4 milliards d'individus, portée par la dynamique démographique des pays émergents. Cette moyenne masque-t-elle un chômage technologique massif dans les pays les plus développés ? Apparemment pas. Dans les pays les plus riches, le taux de chômage est descendu de 6,9 à 6,3 % entre ces deux dates, en passant par un sommet de 8,3 % en 2010, lié à la récession consécutive à la crise financière de 2007-2008. Plus encore, on ne note aucun lien positif entre niveau d'innovation et chômage technologique.

1. Jeremy Rifkin, *La Fin du travail*, La Découverte, 2006.

Ainsi, selon l'International Federation of Robotics (IFR), c'est dans les usines allemandes et, dans une moindre mesure, suédoises et danoises que l'on trouve le plus de robots en Europe (ces statistiques datent de 2015). Pourtant, le taux de chômage est plus faible dans ces pays qu'en Finlande ou en France où les industries sont moins robotisées. La Corée du Sud est l'un des pays les plus robotisés au monde et bénéficie du plein-emploi. Pays intéressant qui montre qu'un État-providence à l'européenne n'est pas forcément nécessaire, y compris dans les périodes de destruction créatrice, pour protéger les individus. La dépense publique y représente un peu plus de 30 % du PIB seulement.

Les pronostics de Rifkin ont été infirmés. Le vocabulaire de l'informatique regorge de lois aux applications technologiquement vertigineuses et économiquement virtuellement destructrices tant elles semblent donner raison aux prophètes du remplacement de l'homme par la machine. Ainsi la loi de Moore commande que, depuis la fin des années 1950, la puissance des microprocesseurs double tous les 18 mois. Nous pensions cette loi dépassée. Elle continue finalement de s'imposer au moment où j'écris ces lignes. Que restera-t-il aux hommes dans ces conditions ? Pour l'heure, énormément de travail. Le taux de chômage dans le monde et dans les pays développés est faible et la productivité peine à remonter : la croissance reste « riche » en emplois. Que Rifkin ait eu tort par le passé ne signifie pas, en toute rigueur, que l'avenir ne lui donnera pas raison. Mais cette même rigueur devrait conduire à remettre sérieusement en cause ses prédictions. Malheureusement, la mine pénétrée que vous donne le pessimisme, même s'il vire à la posture plus qu'à l'analyse, vous donne aussi l'air de la vérité.

De la dialectique à la tragédie

La destruction des machines pour ne pas assister, impuissant, à la destruction des emplois, on l'a vu, a une longue histoire. Chaque période de destruction créatrice voit s'éveiller les violences corporatistes qui confondent intérêts particuliers et justice. Cette obsession corporatiste et l'incapacité à embrasser l'économie dans son ensemble expliquent en partie la peur générale de la fin du travail. On projette (ou on se convainc de projeter) sur le monde ses propres difficultés. Combien de chauffeurs de taxi et d'artisans m'ont-ils expliqué que l'« uberisation » menaçait la société dans son ensemble ?

Les économistes voient, avec justesse, ces révoltes comme de vaines tentatives de bloquer la marche du progrès. Mais la froide raison est insuffisante pour pénétrer l'âme humaine et comprendre la peine et la peur de ceux qui voient s'abattre sur eux le tsunami de la destruction créatrice. La pratique de la « pensée élargie » nous oblige à voir le phénomène schumpétérien, non pas seulement de nos yeux de bénéficiaires *a posteriori* des progrès technologiques passés, mais par les yeux des luddites ou des canuts dont le labeur est bouleversé par l'innovation. Comment reprocher ces insurrections aux ouvriers ou aux artisans qui veulent travailler ? On pourrait croire que seul le salaire lié au travail les intéresse, mais ce serait faux. C'est l'estime de soi qui est en jeu, ce que montre magnifiquement l'abondante filmographie qui porte sur les problèmes sociaux nord-britanniques, celle de Ken Loach, Mark Herman, Stephen Frears ou Peter Cattaneo. Il faudrait être de bois pour ne pas vouloir combattre les patrons aux côtés des mineurs de Grimley. Il y a une dialectique tragique du marché du travail : dialectique au sens où un terme engendre son contraire ; tragique au sens où la perte d'un travail, même si elle est le prélude à un meilleur avenir, est déchirante.

Le marché du travail est dialectique dans la mesure où la mort de certains emplois et de certaines activités est la condition de la vie économique qui, de ce point de vue, se distingue peu de la vie biologique. Sans apoptose, ce suicide cellulaire, nous serions des monstres et nous mourrions rapidement. Dans la vie comme dans l'économie, la mort est un mal nécessaire. Elle nous fait peur mais, sans elle, la réalité serait un cauchemar éternel.

À long terme, la croissance économique puise dans une source unique : la productivité[1]. Ce concept souffre d'une connotation négative car il est mal compris. L'opinion publique assimile la productivité au productivisme, et imagine des poulets hurlants, gavés d'antibiotiques, entassés dans une chambre obscure, pataugeant, pour ceux qui sont encore vivants, dans leurs fientes, en attente d'être abattus, découpés, emballés dans du plastique et jetés dans des camions crachant leur fumée noire. Ils finiront dans un hypermarché de banlieue accolé à un parking de plusieurs milliers de places. Identifier la productivité à cette image revient à confondre le général et le particulier. Certes, il est malheureusement possible d'être productif en dégradant, en pressant, en s'agitant, mais, outre qu'agir ainsi n'est pas convenable, ce n'est pas efficace à long terme.

1. L'identification de la croissance à la productivité à partir d'un certain niveau de développement a été formalisée au milieu des années 1950 par l'économiste américain Robert Solow.

L'homme, de tout temps, a cherché à améliorer la productivité de ses actions : atteindre le résultat souhaité en épargnant sa peine, voilà le ressort du progrès, un ressort profondément humain. La visite, même rapide, de n'importe lequel de nos musées archéologiques de province nous en apporte la preuve : depuis des centaines de milliers d'années, des outils, des armes, c'est-à-dire des moyens de production, ont permis à l'homme de se nourrir, de se vêtir, de se loger, en utilisant moins de ressources et de temps. Il ne s'agit pas systématiquement de produire davantage avec moins, mais aussi d'obtenir un résultat de plus grande valeur et non de plus grande quantité. Je peux décider de publier un peu moins de livres, d'articles, de conférences, pour consacrer à chacun plus de temps et de soin, ce en quoi je privilégierai une productivité qualitative par rapport à une productivité quantitative. La productivité est une notion large. Pensée avec prudence et tempérance, ces vertus cardinales, la productivité est le fondement du progrès humain, un fondement qui bouleverse l'ordre établi et qui reconfigure sans cesse le travail.

La croissance de la productivité se décompose en trois éléments[1]. Premièrement, les entreprises installées doivent réaliser des efforts permanents pour être plus efficaces. On appelle ce processus productivité « intra ». Deuxièmement, on peut isoler la productivité liée à la réallocation des facteurs de production entre les entreprises installées. Une entreprise A peut avoir à se séparer d'une machine dont elle n'a plus l'utilisation. Elle la cède à une entreprise B. Ces deux

1. Le paragraphe qui suit est inspiré de l'ouvrage de Francis Kramarz et Philippe Tibi, *Plus de marché pour plus d'État !*, publié en 2016 chez Eyrolles.

entreprises vont pouvoir augmenter leur productivité suite à cette transaction. On appelle cette composante « inter ». Enfin, il existe une productivité « nette » liée au fait que certaines entreprises, improductives, font faillite et laissent la place à de nouvelles entreprises plus efficaces, capables d'utiliser moins de facteurs de production, de produire davantage de biens ou de services, ou des biens et services de meilleure qualité. Selon les études statistiques réalisées sur la France, 70 % de la productivité globale émane de la composante « intra » et 25 % de la mort des entreprises les moins productives, et donc des emplois qui allaient avec. Mais cette répartition varie selon les pays, les secteurs et les périodes. Ainsi, dans le commerce de détail aux États-Unis, la disparition des entreprises est un facteur prédominant de la productivité.

Ce lien entre la productivité, la croissance et l'emploi éclaire une question cruciale pour certains pays européens, et notamment en France où les débats sur le marché du travail sont brûlants, voire violents : pourquoi la protection de l'emploi est-elle néfaste ? Celle-ci est fondée sur une idée simpliste : pour protéger les salariés, il faut rendre plus difficiles les licenciements. Le lecteur armé de bon sens estime sans doute que si les entreprises savent qu'elles auront des difficultés pour licencier, elles vont moins embaucher. Ce bon sens est corroboré par toutes les études. Freiner les destructions d'emplois freine aussi les créations. Ce processus ralentit la destruction créatrice schumpétérienne, la productivité et donc la croissance. Salariés et chômeurs sont les perdants d'un système où un juge peut sanctionner une entreprise s'il considère qu'un licenciement n'est pas justifié. Finalement, la protection de l'emploi a quatre effets : elle ralentit la productivité, elle accroît la durée du chômage, elle diminue le taux d'emploi des jeunes et des plus de 50 ans, et elle incite les entreprises à recruter en CDD et en intérim, ce qui sépare le marché du travail en deux parties bien distinctes, les précaires et les autres. C'est la raison pour laquelle des pays comme l'Autriche, le Danemark ou la Suisse protègent peu les salariés et s'enorgueillissent d'une situation économique florissante.

Accepter de perdre des emplois car cette destruction engendre une création plus ample : voilà un retournement dialectique heureux. Mais n'a-t-on pas le droit de vouloir conserver un travail qu'on aime et qu'on a peur de perdre ? Qui nous garantit qu'on en retrouvera un autre aussi bien payé et à proximité de notre domicile ? Il est donc naturel de craindre la perte. Ainsi va le monde. Peu de personnes, même quand elles subissent un travail dur et inintéressant, souhaitent en changer. Nous savons ce que nous perdons, mais pas ce que nous allons gagner. Borges l'écrit dans sa langue littéraire : « Nous gardons une image très précise, une image parfois déchirante de ce que nous avons perdu mais nous ignorons ce qui peut le remplacer ou lui succéder. » Borges, ici, ne parle pas d'économie. Il raconte son passage du monde des voyants à celui des aveugles : « Je dois créer le futur, ce qui succédera au monde visible qu'en fait j'ai perdu[1]. »

La terreur devant la perte possible de l'emploi relève aussi d'un biais cognitif. Les économistes qui étudient le bien-être montrent qu'il existe une asymétrie entre la perte et le gain : gagner un euro supplémentaire apporte moins de satisfaction que perdre un euro n'en

1. Borges, *Conférences*, Gallimard, 1985.

retranche. La population grecque est minée d'avoir perdu un quart de son pouvoir d'achat depuis le déclenchement de la crise de la zone euro. Le niveau de vie en Grèce est ainsi retombé à son niveau des années 2000. Cela dit, depuis le début des années 1980, le PIB par habitant en Grèce aura augmenté, récession comprise, de 20 %. L'espérance de vie à la naissance reste supérieure à 80 ans, soit un gain de dix années en cinquante ans. Rappelons qu'après la Seconde Guerre mondiale, Espagne, Portugal et Grèce étaient des pays à dominante agricole. Le niveau de vie y était proche de ce qu'on appelait alors le « tiers-monde ». Même après la crise récente, si brutale fût-elle, personne ne considère ces pays comme sous-développés. La croissance des années 1980 et 1990 n'a donc pas été totalement effacée. M'écoutant disserter ainsi, un retraité grec m'enverrait son verre à la figure. La perte récente de son pouvoir d'achat l'a beaucoup plus affecté que l'amélioration de ses conditions de vie depuis des décennies. Ce qui est vrai rétrospectivement l'est aussi comme projection mentale : dans un univers de destruction créatrice, on est terrorisé à l'idée de perdre, bien plus qu'enthousiasmé à l'idée de gagner.

La mutation du travail n'est donc pas un problème macroéconomique : la disparition d'un emploi ou d'un métier conditionne la création d'une nouvelle valeur et de nouvelles activités, souvent mieux payées et moins pénibles que par le passé. La mutation du travail est une tragédie grecque : un déchirement. La peur de changer d'emploi, de changer de monde est naturelle. Mais cette tragédie est nécessaire au progrès.

Le travail survit aux métiers

La peur de la fin du travail est ancrée au sein d'un traumatisme plus général : les changements technologiques et économiques et ce que les économistes appellent, depuis Joseph Schumpeter, la « destruction créatrice ». Schumpeter voulait signifier que « le nouveau ne naît pas de l'ancien mais à côté de l'ancien, et lui fait concurrence jusqu'à le tuer ». J'ai expliqué dans plusieurs livres les tenants et les aboutissants de la théorie schumpétérienne[1]. Retenons néanmoins que la déstructuration du corps social est proportionnelle à l'ampleur des vagues d'innovation. Elle atteint son paroxysme quand apparaissent ce que les Américains nomment des *general purpose technologies*, traduites par les Français en « technologies multi-usages » (TMU). Il s'agit de technologies qui ont un impact, non seulement sur leur secteur d'origine, mais sur l'ensemble de l'économie. C'est le cas de la vapeur, de l'électricité, de l'informatique ou de l'intelligence artificielle. Outre les effets massifs de destruction créatrice qu'elles occasionnent, les TMU possèdent une autre caractéristique dérangeante : elles mettent du temps à produire leurs effets positifs et les plus visibles. Au moment de leur apparition, le grand public comprend mal leur intérêt. Ce n'est qu'après plusieurs décennies que leurs domaines d'application deviennent évidents. C'est alors aussi qu'elles génèrent des innovations secondaires, de nouveaux emplois et des salaires plus élevés. On parle alors de « synthèse créative ». La « synthèse

1. *Cf. On entend l'arbre tomber mais pas la forêt pousser*, JC Lattès, 2013.

créative » est ce moment lumineux où les mathématiques évoluent en coupoles florentines, où l'étude de la portance devient le transport aérien transatlantique, où le câblage des villes amène la lumière électrique dans les logements, où le laser soigne les yeux. Mais dans la période qui sépare l'innovation de la synthèse créatrice, se forme le chômage technologique dont on craint toujours qu'il ne devienne permanent. À chacune de ces périodes de transition, l'idée selon laquelle la destruction l'emportera sur la création revient, génère des angoisses et des violences.

Pourtant, toujours dans l'histoire humaine, la création l'a emporté, quelle que fût l'ampleur de la destruction. Une promenade attentive aux noms des rues dans les villes françaises nous rappelle à quel point le cimetière des vieux métiers est encombré. Je loue un bureau dans le Sentier, au cœur de Paris. Ce quartier fait encore référence à une image d'Épinal : des ateliers et des commerces de gros, vêtements, tapisseries, bijoux fantaisie, tenus par des Juifs. Dans mon immeuble, ne subsiste qu'un atelier de confection, au rez-de-chaussée. Dans le temps, le bureau que j'occupe en fut un. Mais depuis les années 2000, on parle plus de Silicon Sentier que de *La vérité si je mens*. Le Sentier traditionnel a été relégué au second plan, dans les petites rues où il est toujours difficile de circuler en raison des employés qui poussent en pleine chaussée des chariots où les rouleaux de textile s'empilent. En revanche, dans les grandes artères et, de plus en plus, dans les cours, ce sont les collaborateurs des start-ups qui défilent, vaguement barbus, un café américain et un bagel à la main. Ils prennent la place des vendeurs en gros de mon enfance. Le Sentier devient le lieu de ralliement des startupers, des capital-risqueurs et des fab-labs (ces « ateliers partagés » qui mettent à disposition des innovations encore onéreuses comme les imprimantes 3D). La technologie et l'économie inventent de nouvelles formes d'organisation et de métiers, et donc de nouveaux mots. La destruction créatrice s'applique aussi au langage. D'ailleurs, il est possible que, dans cent ans, la rue d'Aboukir ou la rue du Caire (qui abrita la plus grande cour des miracles parisienne !) soit rebaptisée rue des Fab-labs.

Cette destruction du langage saute aux yeux de ceux qui trouvent plaisir à s'interroger sur le nom des rues. Étant viscéralement attiré par les lieux d'histoire, j'aime passer par la rue de la Ferronnerie, tout près des Halles, pour fouler l'endroit où fut assassiné Henri IV par Ravaillac, au niveau du numéro 4, à côté d'un restaurant qui porte un nom joli et évocateur : Au cœur couronné (selon les livres d'histoire, une auberge du même nom existait déjà en 1610). La rue de la Ferronnerie fut ainsi nommée car Saint Louis avait autorisé les pauvres ferronniers à s'y installer. Ceux-ci ont depuis des siècles embelli nos façades, portes, escaliers, serrures... Bien que ce métier n'ait pas disparu, on en trouve moins que jadis, et pas seulement dans ce quartier des Halles. Il y a très longtemps, la rue de la Ferronnerie s'appelait la rue des Charrons, cet ancêtre du garage automobile, spécialiste de la réparation des charrettes, chariots, charrues et autres brouettes. En allant jusqu'au bout de la rue, on arrive rue de la Lingerie. Les lingères y étaient autrefois nombreuses, qui lavaient le linge et parfois même le confectionnaient. La rue de la Lingerie s'est substituée à la rue de la Ganterie, corporation du XIVe siècle aujourd'hui largement délocalisée en Asie. Elle est située à proximité de la rue des Déchargeurs. Paris, comme de nombreuses villes françaises, regorge de noms de rues qui font référence à des métiers qui ont été marginalisés avec le temps quand ils n'ont pas disparu : rue des Taillandiers (les taillandiers fabriquaient des outils à découper, comme des ciseaux ou des haches), des Gravilliers (les graveliers – la précision se perd parfois avec le temps – préparaient des cendres gravelées nécessaires à la teinture des tissus), rue du Prévôt (ce fonctionnaire multitâches de l'Ancien Régime), la rue des Lombards (les prêteurs sur gages du Moyen Âge, apparus en Lombardie), rue de la Mortellerie (le mortellier brise des pierres pour en faire du ciment), rue des Tanneries (une odeur pestilentielle émanait des séchoirs), rue des Lavandières-Sainte-Opportune...

Me voici place de l'Hôtel-de-Ville. J'ai toujours eu du mal à avoir un avis précis sur François Mitterrand. Élevé dans une famille viscéralement antimitterrandiste, je n'ai entendu durant sa présidence et même au-delà que des qualificatifs allant d'« incompétent » à « assassin » en passant par « voleur ». Ayant, avec la maturité et le détachement familial, tenté d'établir un bilan un peu honnête de sa présidence, j'en suis ressorti avec des sentiments mitigés, ce qui n'est pas anormal. La France, parfois courageuse mais souvent pleutre, aime élire des présidents qui peuvent plaire à tout le monde en raison de leur ambiguïté idéologique et de leur flou programmatique. François Mitterrand, Jacques Chirac ou François Hollande ont parfaitement incarné cette image du président protéiforme. Mais je m'éloigne du sujet. François Mitterrand a supprimé la peine de mort et a mis fin à une profession qui avait fait vivre bien des familles : les bourreaux. Singulière profession créée grâce à la nationalisation de la justice et à la volonté de rendre la mise à mort plus efficace.

En effet, pendant longtemps, avant l'émergence des États, la peine de mort a été privée, régie par la loi du talion, et exécutée collectivement, notamment par la lapidation. Tout le monde connaît les jeux du cirque qui, pour la justice et les empereurs de l'Antiquité, permettaient de mêler « l'utile à l'agréable ». C'est seulement à partir de la fin du Moyen Âge que bourreau devient un métier à part entière. Dans la France éternellement réglementée, c'est un officier de justice qui, jusqu'à la Révolution, détient cette charge. Les bourreaux, dirait-on aujourd'hui, constituaient du « personnel peu qualifié » et occupaient des « métiers d'insertion ». Ils devaient compléter leurs revenus en nettoyant les rues par exemple. La Révolution avait paradoxalement affecté l'activité des bourreaux en réduisant le nombre d'exécuteurs d'une très grosse centaine à un par département (sauf à Paris). Sous le Second Empire, ils ne furent plus qu'un seul par cour d'appel, puis une équipe d'un chef et cinq adjoints à partir du décret Crémieux de 1870. Certes, les bourreaux n'étaient pas nombreux et leur disparition, progressive et prévisible, a peu à voir avec le chômage de masse. Le bourreau a rejoint le cimetière des professions sacrifiées sur l'autel de la réglementation ou de la technologie. Les écrivains de rue auraient pu en témoigner, mis au chômage par l'éducation obligatoire et les progrès de l'alphabétisation. Plus d'allumeurs de réverbères, tués par l'électricité, ni de blanchisseuses, sacrifiées par la machine à laver ; point besoin de crieurs désormais puisque la radio, la télévision, la presse écrite ou Internet nous donnent les nouvelles du monde. Quant au poinçonneur des Lilas, il n'existe plus que dans la chanson.

Le travail est mouvant. Laissé libre, il se régénère sans cesse, sous des formes toujours différentes. Des métiers disparaissent, d'autres apparaissent, sans que cela ne remette en cause la progression de l'emploi. En 1850, le monde comptait moins de 1,5 milliard d'habitants. Entre 2,5 et 3 milliards d'individus travaillent aujourd'hui. Et ce chiffre va continuer d'augmenter car, plus il y aura d'humains, plus il y aura de travail.

Le progrès technologique multiplie les emplois

Les débats sur la fin du travail sont dominés par l'irrationalité. Commentateurs et politiques annoncent, l'air pénétré, une ère de raréfaction du travail. Ils en tirent des propositions radicales comme le revenu universel, basées sur leurs seules intuitions. Ils envisagent la fin du travail comme une malédiction venue d'ailleurs, c'est-à-dire du monde technologique. Le Dr Frankenstein n'est jamais loin. L'homme craint toujours que l'innovation se venge. Mais le travail et l'emploi ne sont pas des réalités transcendantes qui s'imposent à nous. Le travail est profondément humain : les animaux ne travaillent pas. Ils vivent, cherchent de la nourriture, jouent, dorment, mais ils ne construisent pas un monde différent de la nature. Travailler est le propre de la condition humaine et c'est pourquoi le travail évolue avec nous, participe de notre Histoire avec un grand H. Nous seuls travaillons et fabriquons des objets, robots, ordinateurs, intelligence artificielle, qui vont nous accompagner dans notre tâche de bâtisseurs. Ce capital modifie en retour notre façon de travailler, mais la machine ne s'impose pas à nous : nous rétroagissons avec elle. C'est ce qui explique que le travail se transforme au fil du temps. Cette transformation s'accélère au cours des vagues d'innovation telle que celle que nous connaissons depuis une quinzaine d'années, et qui durera encore autant de temps.

L'effroi nous saisit devant des situations individuelles : enfants, amis, voisins. Que deviendra le conducteur de car ou de camion lorsque des véhicules sans chauffeur sillonneront les routes pour transporter des hommes et des marchandises ? Que feront l'architecte et le designer quand un programme informatique est déjà capable de générer des centaines de dessins différents en quelques heures – alors qu'un humain a besoin de plusieurs jours pour une seule itération ? Les esprits tourmentés par la fin du travail ont été confortés par une étude de 2013 menée par deux chercheurs d'Oxford selon laquelle 47 % des emplois (aux États-Unis) seront automatisés à l'horizon 2034[1]. Récemment, le directeur de la Banque mondiale Jim Yong Kim affirmait que les deux tiers des emplois pourraient être détruits à cause de l'automatisation des tâches, surtout dans les pays les plus récemment industrialisés comme la Chine, la Thaïlande ou l'Éthiopie[2]. Aujourd'hui, un outil en ligne développé par la BBC permet à chacun d'estimer en un clic la probabilité de voir son métier disparaître[3]. Les auteurs de l'étude de l'Université d'Oxford remarquent que, traditionnellement, l'informatisation faisait disparaître les métiers routiniers qui

1. *Cf.* Carl Benedikt Frey et Michael A. Osborne, « The future of employment: how susceptible are jobs to computerisation », septembre 2013.

2. Discours donné pour le Milken Institute le 1er mai 2017.

3. http://www.bbc.com/news/technology-34066941

étaient facilement programmables et reproductibles par un ordinateur ou un robot. C'était le sens de ce que les économistes appelaient le « progrès technique biaisé ». Ce progrès augmentait la demande de travail qualifié et diminuait la demande de travail non qualifié. Mais les évolutions technologiques récentes comme l'intelligence artificielle conjuguées à une accumulation de données sans précédent (le big data) permettent d'automatiser des métiers moins routiniers, ceux qui sont occupés par les « classes moyennes ». Ainsi, la plupart des emplois de conducteurs d'engins, de manutentionnaires, de responsables administratifs seraient appelés à disparaître d'ici une décennie ou deux. Ce ne sont plus simplement les emplois d'« en bas » qui souffrent, mais aussi ceux du milieu, voire du haut. L'étude d'Oxford est de grande qualité et elle est souvent citée dans la presse. Ses résultats doivent néanmoins être interprétés avec précaution pour deux raisons.

En premier lieu, l'étude ne traite que du versant « destructeur » de la destruction créatrice. À l'extrême limite, 100 % des métiers existants pourraient expirer en dix ans sans que le chômage n'augmente. Il suffirait pour cela que l'économie soit capable de recréer autant d'emplois que le nombre de ceux qui ont disparu. Évidemment, cet exercice de pensée est théorique, mais il est important de comprendre qu'en soi, la disparition des emplois ne pose pas de problème macroéconomique. Les entreprises françaises détruisent environ 10 000 emplois par jour. Quand le chômage augmente, c'est qu'elles en créent un peu moins de 10 000, un peu plus quand le chômage baisse. Diminuer les destructions d'emplois est contre-productif. La politique économique doit libérer les créations et non entraver les destructions. Comme le répètent les économistes du travail, la destruction des emplois constitue un signe de bonne santé économique et de progrès.

La deuxième limite de l'étude de Frey et Osborne tient à la confusion entre tâches et métiers. La technologie peut avoir trois conséquences sur le travail :

– elle peut se substituer en totalité à un emploi parce qu'elle l'automatise mais ce phénomène est rare. Ce n'est pas parce qu'un métier est automatisable qu'il est automatisé. Un seul métier a totalement disparu de cette façon aux États-Unis depuis les années 1950 : celui de liftier d'ascenseur. Il convient donc de relativiser cette peur de la disparition totale des métiers dans le trou noir de l'automatisation ;

– elle peut faire disparaître un produit et les métiers qui lui sont associés. L'automobile à moteur a tué les métiers liés aux fiacres et l'électricité a signé le trépas des allumeurs de réverbères. Il n'existe plus de fabricants de machines à écrire. Ce phénomène constitue le cœur de la théorie schumpétérienne de la destruction créatrice ;

– elle peut faire disparaître des tâches à l'intérieur d'un métier qui survit : les secrétaires ne font plus de sténographie mais organisent des agendas, accueillent des clients et s'occupent de l'administration générale des organisations. On les appelle de plus en plus des *office managers*. Les concierges n'ouvrent plus la porte des immeubles mais veillent à entretenir un « climat » de vie agréable, ce qu'aucune technologie ne fera jamais.

L'histoire nous montre que la grande majorité des emplois ne sont que partiellement automatisables[1]. À ce titre, plusieurs travaux sont venus nuancer les conclusions de Frey et d'Osborne. Ainsi, une étude du McKinsey Global Institute portant sur 46 pays et

1. http://voxeu.org/article/how-computer-automation-affects-occupations

représentant 80 % de la force de travail mondiale a trouvé que moins de 5 % des emplois étaient susceptibles d'être entièrement automatisés et qu'environ 60 % comprenaient 30 % de tâches automatisables[1]. Quand un métier est totalement automatisé, c'est-à-dire quand un individu est remplacé par une machine, le nombre d'emplois dans la profession diminue mécaniquement : on ne croise plus guère dans nos villes de poinçonneurs ni de lavandières. En revanche, lorsque seule une partie des tâches l'est, l'emploi peut diminuer ou augmenter. Dans l'histoire, ce second cas de figure s'est avéré le plus courant. L'introduction du métier à tisser au XIXe siècle a multiplié le nombre de tisserands. Le mécanisme économique à l'œuvre est le suivant : l'automatisation de certaines tâches entraîne des gains de productivité qui permettent de baisser les prix, par exemple des vêtements. Dans le cas, le plus habituel, où la demande est « élastique au prix » (c'est-à-dire que la baisse des prix entraîne une augmentation de la demande), la technologie permet d'attirer de nouveaux consommateurs et l'activité se développe, ce qui génère l'ouverture de nouvelles usines, de nouveaux magasins[2].

La théorie du déversement fonctionne toujours

Le raisonnement qui précède peut sembler théorique. Mais je fais appel à la raison de mes lecteurs, pas à

1. McKinsey Global Institute, *A Future That Works: Automation, Employment and Productivity*, janvier 2017.

2. L'un des principaux spécialistes de ces sujets est David Hémous. Voir notamment David Hémous et Morten Olsen, *The Rise of the Machines: Automation, Horizontal Innovation and Income Inequality*, CEPR Discussion Paper, 2016.

leurs passions tristes. Les approximations sur le déclin, les impressions d'effondrement, c'est ailleurs qu'il faudra aller les chercher ! Ici, on rassemble des données, on réfléchit et on travaille pour penser l'avenir.

Depuis des siècles, la technologie a eu tendance à développer l'emploi des secteurs qui se sont modernisés. Mais la technologie projette aussi ses bienfaits plus loin. Les gains de productivité qu'elle permet créent aussi des emplois indirects, de deux manières. D'abord, cette productivité a un effet bénéfique sur l'offre. Les caisses automatiques dans les supermarchés accélèrent le passage à la caisse et augmentent la demande, ce qui crée de nouveaux emplois de logisticiens et d'agents de sécurité pour gérer l'afflux.

Ensuite, cette nouvelle productivité augmente les rémunérations et donc la demande. On apprend dans tous les ouvrages d'économie de première année de faculté que le salaire est égal à la « productivité marginale » du travail, c'est-à-dire à ce que rapporte à une entreprise le travail d'un salarié. La productivité augmente avec la qualité de la technologie utilisée, ce qui explique qu'on trouve les emplois les mieux payés dans les entreprises qui investissent le plus. Ainsi, ces salaires et profits des secteurs à haute valeur ajoutée génèrent de nouvelles demandes de produits et de services, et créent de nouveaux emplois. Ce mécanisme a hérité du nom assez laid de « théorie du déversement ». Il a été développé par Alfred Sauvy, l'un des plus fins économistes et démographes français de l'après-guerre[1]. La théorie énonce que la hausse des salaires due aux progrès technologiques se « déverse » quelque part dans l'économie, générant de nouveaux

1. Lire par exemple *La Machine et le chômage*, Dunod, 1980.

emplois. Sauvy explique de cette façon la conjonction de la diminution de l'emploi agricole après la guerre et du plein-emploi. Les hausses de revenus des agriculteurs leur ont permis d'accéder à des biens de consommation, ce qui a entraîné des créations d'emplois dans la grande distribution. De nos jours, on imagine les collaborateurs les mieux rémunérés des entreprises de la Silicon Valley voyager, fréquenter les restaurants et faire appel à des aides ménagères. Le déversement permet de satisfaire de nouveaux besoins et de créer des emplois, voire de nouveaux métiers. Ainsi, en Californie, les coaches de sport ou les professeurs de danse sont de plus en plus nombreux. Gregory et Salomons ont étudié pour une période relativement récente, de 1999 à 2010, les canaux par lesquels, dans les pays de l'Union européenne, le progrès technologique, bien qu'il détruise des emplois routiniers, s'était finalement mué en créations nettes de postes[1]. Ils montrent que les innovations ont supprimé 9,6 millions de postes en raison de la substitution de machines au travail. Mais, pendant la même période, la baisse des prix grâce à l'innovation a dynamisé la demande et entraîné la création de 8,7 millions d'emplois. Ces nouveaux emplois ont généré de nouveaux besoins et revenus à hauteur de 12,4 millions de postes, si bien que, au bout du compte, les innovations destructrices d'emplois routiniers ont permis d'augmenter les effectifs totaux en Europe de 11,5 millions.

J'entends souvent dire que la « théorie du déversement » ne fonctionnerait plus. La gravité de ceux qui

1. *Cf.* Terry Gregory, Anna Salomons et Ulrich Zierahn, « Racing with or against the machine? Evidence from Europe », Center for European Economic Research, discussion paper nº 6-053, 2016.

professent cette contre-vérité est généralement inversement proportionnelle à leur connaissance du sujet. En effet, les études récentes sur la théorie du déversement montrent qu'elle n'a jamais aussi bien fonctionné qu'aujourd'hui. Aux États-Unis, la création d'un emploi hautement qualifié génère localement 2,5 nouveaux emplois, principalement dans le secteur des services à la personne, de la restauration, du commerce, de la santé et de l'éducation[1]. D'après les travaux de l'économiste de Berkeley Enrico Moretti portant sur 11 millions d'individus dans 320 zones géographiques, 1 emploi créé dans une aire métropolitaine (là où sont concentrées les innovations contemporaines) produit 5 emplois locaux, contre 1,6 pour chaque emploi créé dans l'industrie (le secteur emblématique des Trente Glorieuses). Là où le marché du travail est efficace, le déversement fonctionne parfaitement, mais il est difficile de l'identifier à l'œil nu.

Je voudrais montrer avec un exemple concret la façon dont se déroule dans la « vie réelle » contemporaine ce déversement. J'entends souvent dire que les entreprises de la « nouvelle économie » créent très peu d'emplois, comme en témoignent leurs effectifs assez modestes : moins de 300 000 personnes travaillent chez Amazon dans le monde (pour comparer, Walmart, le principal employeur sur la planète, fait travailler plus de 2 millions d'individus), 60 000 chez Google, un peu plus de 10 000 chez Facebook, quelques milliers chez Airbnb… alors même que l'on identifie aisément les volumes d'emplois détruits en raison de l'activité

1. *Cf.* l'article d'Enrico Moretti, « Local multipliers », *American Economic Review*, Papers and Proceedings, 100, et son livre *The New Geography of Jobs*, Boston-New York, Houghton Mifflin Harcourt, 2012.

de ces entreprises dans les librairies ou les hôtels. Cet argument est le fruit d'une erreur formalisée dans la théodicée de Leibniz : pour être analysée correctement, l'économie doit être vue de loin et comme un système. C'est pour cette raison que s'est développée depuis la fin du XVIIIe siècle, d'abord lentement puis plus rapidement depuis Keynes, la macroéconomie. Pour reprendre le célèbre mot de Frédéric Bastiat, l'économiste doit analyser ce qui se voit et ce qui ne se voit pas. C'est même la raison d'être de son métier. Là où le simple citoyen, le chef d'entreprise et, souvent, le politique s'arrêtent à ce qu'ils voient, l'économiste doit embrasser la totalité d'un phénomène. Certes, un touriste qui loue pendant ses vacances un logement à un propriétaire à l'aide d'une plate-forme comme Airbnb, par définition, ne contribue pas au développement économique de l'hôtellerie. Est-ce pour autant qu'il contribue au chômage ? Non. D'une part, car l'effet « destructeur » d'Airbnb est beaucoup plus faible qu'il n'y paraît. Une étude réalisée aux États-Unis a montré qu'une augmentation de 1 % des revenus d'Airbnb n'entraînait qu'une baisse de 0,05 % des revenus de l'hôtellerie dans les villes observées[1]. D'autre part, car l'utilisation de ces plate-formes génère des revenus pour les hôtes et des économies pour les touristes qui sont « déversées » dans l'économie. Ainsi, le cabinet d'études que je dirige, Asterès, a pu montrer que cet argent était consommé dans les restaurants, les commerces, les musées, les transports… Ces activités correspondent à plusieurs milliers d'emplois. Simplement,

1. « The Rise of the Sharing Economy: Estimating the Impact of Airbnb on the Hotel Industry », Boston University School of Management, Research Paper Series n° 2013-16.

ces emplois gagnés sont dispersés alors que l'emploi perdu dans les hôtels est identifiable. Il peut aisément être comptabilisé et faire l'objet d'un lobbying et d'une réglementation efficaces pour fermer la porte à des « barbares » comme Airbnb.

Les leçons de l'histoire et de l'analyse économique contemporaine sont univoques : le chômage technologique est un phénomène transitoire. L'économiste américain Robert Gordon a montré que les révolutions industrielles de la vapeur au XVIIIe siècle, et de l'électricité et du moteur à explosion au XIXe ont amélioré le niveau de vie des travailleurs et leur bien-être[1]. Durant la première révolution industrielle, l'emploi a doublé : les industries du papier et du textile ont embauché deux fois plus que le nombre d'emplois détruits dans l'agriculture. Entre 1970 et 2010, les emplois d'ouvriers, de mineurs, d'employés dans les services domestiques ont été divisés par trois, mais les emplois dans les services aux entreprises, la santé ou l'enseignement ont été multipliés par douze[2] ! En 1870, 87 % des emplois étaient considérés comme pénibles contre 22 % en 2012. L'économie évolue. Si elle est flexible et si les individus sont correctement formés, le chômage technologique est contenu et s'évanouit.

1. Robert Gordon, *The Rise and Fall of American Growth. The US Standard of Living since the Civil War*, Princeton University Press, 2016. *Cf.* aussi le rapport « Automatisation, numérisation et emploi » du Conseil d'orientation pour l'emploi publié en janvier 2017.

2. Une partie (seulement) des emplois dans la santé et l'enseignement sont publics. Tout dépend en réalité des pays. Mais on n'observe pas de corrélation globale entre la socialisation de ces emplois et leur vitesse de développement. La santé ou l'école privées ont connu un extraordinaire développement ces dernières décennies.

Les causes du chômage contemporain

Participer au débat public exige une grande ténacité car on est parfois découragé : par la médiocrité du débat, par les thèmes dominants et par la difficulté à imposer les faits. C'est une souffrance de constater que la rigueur s'en est allée, cédant la place à cette « post-vérité » où le spectacle l'emporte sur la véracité. De ce point de vue, la campagne électorale pour la présidentielle de 2017 en France m'a épuisé. Jamais le rationalisme n'avait à ce point déserté le pays, laissant le champ libre aux billevesées extrémistes de Le Pen et de Mélenchon. En économie, le débat est particulièrement usant puisqu'il est largement considéré que cette discipline relève d'une opinion et non d'un savoir. Facilité intellectuelle, excuse d'élève paresseux entretenue par quelques économistes politisés qui considèrent que la politique est plus haute que le savoir et qu'il est légitime que l'idéologie domine la pensée.

Pourtant, le chômage est sans doute l'un des domaines où l'on sait le plus de choses, raison pour laquelle de nombreux gouvernements l'ont combattu avec succès. En Allemagne, en Autriche, aux Pays-Bas, au Danemark, au Royaume-Uni, en Suisse… on ne parle pas de chômage puisqu'il n'existe pas ou presque pas là-bas. On y évoque bien des problèmes : innovation, intégration des immigrés, système de santé, financement de la dépendance, inégalités, pauvreté parfois… Mais le problème du chômage est au mieux considéré comme réglé (en Autriche), au pire considéré comme secondaire (au Royaume-Uni).

En France, en Italie, en Espagne ou en Grèce, le taux de chômage est élevé, proche de 10 % de la population active, voire supérieur, et deux fois plus fort chez les jeunes. Mais ses causes sont bien identifiées et n'ont rien à voir avec la technologie. En France, le chômage est haut depuis longtemps. Même quand la croissance est forte, ce qui a été le cas de la fin des années 1990 au début des années 2000, le chômage semble buter contre un plancher de verre. C'est simplement que notre « chômage structurel », qui est lié au fonctionnement du marché du travail, mais pas à la conjoncture, est l'un des plus élevés du monde. Il existe pléthore de calculs sur le sujet, mais le consensus le situe dans un intervalle de 8 à 9 % de la population active, ce qui représente une immense part de notre chômage total. J'avais, dans un ouvrage antérieur[1], décrit les 13 savoirs fondamentaux qui synthétisent notre connaissance du marché du travail. Je les reproduis ici sans les expliciter, à charge pour le lecteur de se reporter à la source primaire :

1. Protéger l'emploi ne fait pas baisser le chômage.
2. Les destructions d'emplois ne sont pas problématiques en soi si l'économie en recrée par ailleurs.
3. Les allègements de charges (cotisations patronales) ont un impact bénéfique sur l'emploi.
4. Le Smic est, en France (ce n'est pas vrai dans tous les pays, ni de tout temps), un obstacle à l'emploi.
5. Pour les personnes actives (ce qui exclut les retraités et les étudiants), le travail doit toujours être plus rémunérateur que le non-travail.

1. *Le Grand Refoulement*, Plon, 2015.

6. Un chômeur qui ne cherche pas activement un emploi doit être sanctionné.

7. Les indemnisations chômage doivent être dégressives.

8. La formation professionnelle doit cibler en priorité les personnes fragiles.

9. Le commerce international ne fait pas monter le chômage.

10. La baisse de la population active n'est pas favorable à l'emploi, de la même façon qu'une démographie dynamique ne fait pas forcément monter le chômage. C'est ce qui explique que l'immigration a en général un effet quasi neutre sur les salaires et l'emploi (selon les circonstances, très légèrement négatif ou légèrement positif).

11. Les 35 heures n'ont pas fait baisser le chômage.

12. Les licenciements dits boursiers existent, mais ils sont exceptionnels et souvent contre-productifs pour l'entreprise qui les pratique.

13. Créer des emplois publics pour compenser des pertes d'emplois dans le secteur privé fait monter le chômage.

J'entends bien que certains de ces résultats, sur les licenciements boursiers ou l'emploi public, peuvent être contre-intuitifs ou que certains de ces enseignements, sur le Smic ou la dégressivité des indemnisations chômage, sont désagréables à accepter. Mais ce n'est pas mon problème ici. Ces résultats sont issus de revues scientifiques qui publient les travaux des chercheurs en économie du travail du monde entier. Que ceux qui les dénient passent leur chemin et qu'ils ne s'étonnent pas si le refoulement freudien dont ils souffrent les rend malheureux, voire légèrement violents. Accuser la technologie d'être responsable du chômage de masse, c'est faire preuve d'illettrisme économique. Certes, comme l'avait démontré l'historien français Fernand Braudel, les grandes vagues d'innovation comme celle des NBIC sont historiquement simultanées à un déplacement du barycentre de l'« économie-monde ». Aujourd'hui, les deux territoires qui constituent le cœur de l'innovation mondiale sont des régions : l'Ouest américain et l'Est chinois. La transformation braudélienne fait de certaines métropoles des capitales de l'innovation et des arts des centres d'influence qui concentrent le pouvoir. Mais cet immense changement n'entraîne pas forcément du chômage. C'est le cas dans les pays dans lesquels le marché du travail dysfonctionne comme la France, mais l'Autriche, l'Allemagne, Israël ou la Suisse, bien que soumis à ces mouvements comme les autres, restent, quant à eux, au plein-emploi.

La technologie et l'immigré comme figures du bouc émissaire

La place tenue par le fantasme du chômage technologique ramène de façon saisissante au bouc émissaire analysé par René Girard[1]. Originellement, la notion de bouc émissaire est biblique et sacrée. Le prêtre d'Israël transmet les péchés commis par les juifs en posant ses mains sur la tête d'un bouc. Celui-ci est ensuite chassé vers le désert d'Azazel pour éloigner les péchés. René Girard élargit le concept biblique à un concept sociologique. Il renverse pour cela la perspective

1. *Cf. La Violence et le Sacré*, Grasset, 1972.

communément admise avant la publication de ses travaux. On considérait jusqu'alors que le sacrifice du bouc émissaire était destiné à calmer la colère des dieux. Girard affirme au contraire que le sacrifice du bouc émissaire est une affaire complètement humaine et terrienne : il s'agit de canaliser la violence propre à la cohabitation des humains. Le bouc émissaire occupe à ce titre un rôle éminent : en devenant en quelque sorte le récipiendaire de la violence humaine, il permet d'éviter l'autodestruction des groupes humains. Sans lui, le chemin vers l'extinction de l'humanité par sa propre violence serait parfaitement dégagé. Le bouc émissaire, pour tenir correctement son rôle, doit répondre à quatre caractéristiques. Il doit être à la fois proche et distant du groupe humain : proche pour qu'il soit permis de lui transmettre des péchés, distant pour ne pas sacrifier un élément du cœur du groupe lui-même – c'est la raison pour laquelle des animaux (distants de l'homme) domestiques (mais suffisamment proches) sont souvent choisis ; le groupe humain doit ignorer l'innocence de la victime pour que son crime ne soit pas injustifié par l'innocence ; le bouc émissaire doit présenter des caractéristiques extrêmes (d'aspect, d'intelligence ou de bêtise…) afin de rationaliser l'inquiétude dont les humains font preuve à son égard ; enfin, il doit être consentant afin de justifier l'acharnement du groupe à son endroit.

En matière de chômage, les Français doivent trouver le bouc émissaire de leurs échecs. En effet, il faut bien canaliser la violence issue de notre incapacité à régler le problème, pourtant techniquement assez simple, du chômage. Dans un pays comme la France, la persistance du chômage est un phénomène davantage politique que technique. Il est politique dans la mesure où les Français ne sont pas conscients de leur capacité collective à résoudre ce problème, et refoulent psychologiquement les solutions car elles heurtent leur idéologie viscéralement antilibérale. La méconnaissance et le refoulement freudien sont les deux sources qui font naître la rivière du ressentiment et de la violence sociale. C'est ce refoulement qui exige des boucs émissaires. Pendant longtemps, le travailleur immigré a tenu ce rôle, remplissant les quatre conditions formulées par René Girard, et ce alors même qu'aucune étude n'a jamais pu montrer que l'immigration contribuait au chômage de masse. Aujourd'hui, on évoque moins la figure de l'étranger comme responsable de nos soucis économiques dans la mesure où le débat sur les conséquences de l'immigration s'est déplacé sur le terrain sécuritaire. La machine occupe désormais cette place qui menaçait d'être laissée vacante et qui relève du même type de raisonnement malthusien : l'emploi de l'immigré se substitue à celui du natif ; la technologie se substitue à l'emploi humain. Dans les deux cas, on aime à penser que le partage de la pénurie est préférable à la création. Du point de vue du raisonnement économique, refouler les immigrés ou diminuer le temps de travail des individus car la machine assécherait l'emploi relève de la même logique : celle du partage de ce qui reste du travail humain considéré, non comme un espace infini, mais comme un territoire assiégé.

Comme l'immigré, la technologie répond aux conditions égrainées par Girard. Elle est proche de l'humanité en ce sens que nous l'utilisons quotidiennement et de plus en plus. Mais elle est extérieure à l'humanité dans la mesure où personne ne considère, au stade de développement technologique actuel, qu'une machine s'identifie à un être humain. Mon smartphone, que je consulte frénétiquement une centaine de fois par jour, s'apparente à un prolongement de mon corps sans l'être véritablement (encore). Un grand nombre de Français et d'Européens estiment de bonne foi que le chômage technologique est une plaie ou est en passe de le devenir. Cette ignorance de l'économie répond au deuxième critère édicté par Girard. La technologie présente des caractéristiques extrêmes : sa puissance progresse de façon exponentielle jusqu'à atteindre le point de la « singularité » par lequel nous passerons dans un nouvel univers où l'intelligence artificielle aura conscience d'elle-même et pourra même se retourner violemment contre nous (toujours cette présence en arrière-plan du monstre de Frankenstein).

Enfin, et ce point ne laisse pas de me désespérer, la technologie est consentante. C'est un abus de langage car l'intelligence artificielle ne pense pas encore de façon totalement autonome, mais ses concepteurs sont souvent ignorants de l'analyse économique et de l'histoire. Il est fortement agaçant d'entendre des entrepreneurs du numérique déclarer, le visage sombre, qu'il est possible que, dans cette vague schumpétérienne-ci, la destruction des emplois l'emporte sur la création. Comme à la fin du XVe siècle florentin, la technologie peut prendre place sur le bûcher des vanités. Oh, nous ne brûlerons pas nos smartphones comme du temps de Savonarole. Comme utilisateurs, nous dépendons trop de la technologie vilipendée pour nous en passer. Mais nous la brûlons symboliquement : la technologie détruit nos emplois ! Comme nous ne pouvons pas l'extraire de notre réalité, à tout le moins protégeons-nous : protection des emplois, protections commerciales, protection contre tout et rien. Le sacrifice est virtuel. Tant mieux. Mais les yeux rivés sur notre bouc émissaire, nous en oublions de regarder les vraies causes du chômage. Nous nous condamnons à vivre dans une société qui perd confiance, non parce que la technologie signe la fin du travail, mais parce que nous refusons, collectivement, et sans l'admettre, le plein-emploi.

2

La peur de l'accélération

La fabuleuse capacité d'adaptation des humains

La peur de la fin du travail est plus déchirante que jamais car la mutation technologique et économique que nous traversons est intense et rapide. L'écrire relève de l'évidence, mais je suis soudain saisi d'un doute. Comment parler pour un passé que nous n'avons pas vécu ? Après tout, ne peut-on pas imaginer nos ancêtres de la fin du XVe siècle pris de vertige ? Les Flandres déployaient leur puissance, comme l'Asie aujourd'hui ; l'Europe délaissait la Méditerranée pour se passionner pour l'Atlantique ; le rationalisme se substituait à la pensée magique comme le matérialisme de la Silicon Valley veut tuer nos dernières croyances sur le mystère des hommes ; Christophe Colomb accostait en Amérique comme Elon Musk relance la conquête spatiale[1] ; les Juifs étaient chassés d'Espagne et Donald Trump

1. Elon Musk est devenu l'un des entrepreneurs les plus connus au monde. Il a notamment développé ou fondé des entreprises comme PayPal, Tesla, Solarcity, SpaceX, le projet Hyperloop et Neuralink. Il faut lire la fascinante biographie que lui a consacrée Ashlee Vance, publiée en France en 2015 par Eyrolles, sous le titre *Elon Musk. Tesla, PayPal, SpaceX : l'entrepreneur qui va changer le monde.*

voudrait bien bouter les musulmans hors des États-Unis ; Luther se préparait à tonner contre les indulgences papales et le monde musulman était déchiré par une guerre entre les anciens et les modernes ; en 1492, Martin Behaim concevait à Nuremberg le premier globe terrestre ; les Européens allaient pouvoir faire entrer les pommes de terre et le maïs dans leur alimentation ; Hans Holbein mettrait en peinture dans ses *Ambassadeurs* de 1533 ce bouleversement du monde qui fera dire à Stefan Zweig, dans les premières pages de sa biographie d'Érasme publiée en 1935 : « Au cours d'une seule génération, les données primitives d'appréciation, l'espace et le temps, ont totalement changé de valeur et de mesure. Seule notre époque, qui voit le téléphone, la radio, l'auto et l'avion concourir avec la même précipitation à la diminution du temps et de l'espace, a assisté à un semblable changement de mode de vue. Un élargissement aussi brusque du monde extérieur doit fatalement avoir comme corollaire une profonde transformation du monde psychique [...]. Tout le passé se dessèche au souffle brûlant des temps nouveaux [...]. On est en présence de l'un de ces moments caractéristiques où l'humanité se trouve en quelque sorte dépassée par ses propres actes et doit faire appel à toutes ses forces d'adaptation[1]. »

Est-ce le manque de recul historique dont souffrent nos contemporains avides de plaisirs présents qui leur a fait oublier que, dans le passé aussi, l'histoire s'emballa ? L'histoire ne put accélérer, comme on dit par abus de langage. Elle devint simplement plus dense : la science et la technologie furent plus fécondes en un temps limité, elles transformèrent plus rapidement

1. Stefan Zweig, *Érasme*, Grasset, coll. « Les cahiers rouges », 2003.

l'économie et la société, et même les façons de penser furent bouleversées. Voilà ce que connut l'homme de la fin du XVe siècle, comme celui du début du XXIe. Ah ! qu'il est difficile, dans le débat public, de proposer une analyse balancée ! On voudrait que tout s'écroule en quelques instants ou que tout demeure comme avant. La vérité, semble-t-il, c'est que Keynes, dans sa conférence de 1930, ou Zweig, dans sa biographie d'Érasme, nous laissent des idées parfaitement valables pour aujourd'hui : notre monde change, rapidement, profondément, irrésistiblement. Et, en effet, constater que de nos débats intellectuels à nos débats politiques, l'impact de l'intelligence artificielle sur nos sociétés n'est jamais évoqué ne laisse pas d'inquiéter.

Mais il est tout aussi hasardeux d'affirmer sans preuve que l'humanité ne pourra pas s'adapter à cette mutation schumpétérienne qui ne serait « pas comme les autres ». Oui, elle est différente, par construction ! Mais l'homme, justement, grâce à sa liberté métaphysique, sait s'adapter à l'inconnu. Croit-on que la Renaissance ou la révolution industrielle furent des changements lents, linéaires et harmonieux ? En 1850, plus de la moitié de la population active de la France travaillait dans l'agriculture. Aujourd'hui, ce secteur compte pour moins de 3 % des emplois. Aux États-Unis, les agriculteurs représentaient 40 % de la population active en 1900 contre 2 % aujourd'hui. Ces gains de productivité agricoles extraordinaires ont permis de faire tomber la part de la population mondiale souffrant de malnutrition à 10 %, son plus bas niveau historique, sans empêcher les pays dont le marché du travail est efficace de bénéficier du plein-emploi.

Je ne nie pas l'accélération schumpétérienne que nous vivons. J'ai écrit depuis de longues années plusieurs livres sur ce sujet. Je discerne parfaitement l'influence d'une mondialisation qui souffle continûment sur les braises du changement. La mondialisation contemporaine n'est pas seulement celle des produits et des hommes. C'est aussi celle des idées qui circulent à la vitesse des ondes. Dans bien des domaines, dont le travail, nos sociétés doivent faire preuve d'une capacité d'adaptation extraordinaire. C'est un enjeu colossal mais, Érasme en fut le témoin, l'humanité, dans l'espérance et la douleur, en a déjà relevé de tels.

Le combat pour le temps et l'espace

Dans mes ouvrages précédents, j'ai mis en exergue les quatre principales mutations de l'histoire de l'humanité (précédant l'actuelle) : le passage de l'ère paléolithique à l'ère néolithique, l'Antiquité grecque (le « siècle de Périclès »), la Renaissance et le continuum qui commence au début de la première révolution industrielle dans les années 1770 et s'achève à la Belle Époque au début du XXe siècle[1]. Chacune de ces mutations a reposé sur deux ressorts principaux qui forment la matrice de l'aventure humaine : l'allongement du temps et l'élargissement de l'espace. Le combat de l'humanité est, depuis l'origine, une bataille contre les déterminismes du temps et du lieu : vivre plus longtemps au sein d'espaces toujours plus larges. L'agriculture, Hippocrate (la naissance de la médecine rationaliste), Ambroise Paré (la chirurgie moderne) et

1. *Cf. L'innovation sauvera le monde*, Plon, 2016.

Pasteur (la fermentation, les vaccins...) ponctuent cette lutte pour la vie. Les migrations du néolithique, les grandes découvertes de la Renaissance, le développement du bateau à vapeur, les constructions de lignes ferroviaires au XIXe siècle, l'automobile au début du XXe siècle illustrent la nécessité pour les hommes de se déplacer et, plus encore, d'explorer. Comme lors des mutations précédentes, l'époque contemporaine repose sur ces deux piliers : éloigner la mort, aller plus loin. Les technologies NBIC (nanotechnologies, biologie, informatique, sciences cognitives, c'est-à-dire intelligence artificielle), la robotique, l'impression 3D sont largement mises au service de ces objectifs. C'est la raison pour laquelle les innovations les plus spectaculaires du moment concernent la santé et les transports. Que Microsoft annonce désormais vouloir être l'un des principaux acteurs de la guérison des cancers, que Mark Zuckerberg, le fondateur de Facebook, réunisse des milliards de dollars destinés à sa fondation afin de supprimer toutes les maladies d'ici 2100, que Google crée dès 2013 une filiale nommée Calico (California Life Company) dans le but de « tuer la mort », que Tesla annonce que toutes ses voitures seront désormais équipées d'un pilote automatique, il s'agit à chaque fois de s'engager pour la vie ou contre la mort de trois façons : en luttant contre les maladies ; en luttant contre le vieillissement ; en luttant contre les accidents susceptibles de nous tuer. Le transhumanisme relève d'une logique qui vise à fusionner ces trois types de combats. Il fait passer la santé d'une logique exclusivement curative à une logique à la fois curative et méliorative. L'homme pourra être soigné de son cancer et la biologie moléculaire freinera son vieillissement. La manipulation préalable de son génome lui aura de toute façon permis d'éviter un grand nombre de maladies. La greffe de capteurs cérébraux lui apportera un surcroît d'intelligence et de protection contre les agressions de l'environnement. C'est le développement exponentiel des technologies NBIC qui amène les transhumanistes à anticiper des gains d'espérance de vie qui vont au-delà de la « nature » actuelle de l'humanité, bornée à l'âge de Jeanne Calment, c'est-à-dire 122 ans[1].

L'allongement du temps porte en germe la nécessité d'élargir l'espace. Comme prolonger la vie passe aussi bien par la lutte contre les maladies (vivre le plus longtemps possible dans un temps naturellement borné à 122 ans) que par le combat contre le vieillissement (repousser la limite des 122 ans), l'élargissement de l'espace inclut la possibilité accrue de se déplacer sur terre, d'explorer et de coloniser l'espace. La densification et l'extension des aires métropolitaines nous obligent à nous déplacer de manière plus fluide dans les villes. C'est notamment l'intérêt des services proposés par Uber, qui contribuent à désenclaver des endroits mal desservis par les transports collectifs. La métropolisation exige aussi que nous améliorions les liaisons entre les principaux centres urbains. C'est à quoi répond Hyperloop, ce projet de nouveau moyen

1. La revue britannique *Nature* (l'une des revues scientifiques les plus réputées au monde) a rappelé en 2016 que la longévité humaine restait soumise à des contraintes naturelles liées au vieillissement. Ainsi, en général, la vie n'excède pas 115 ans, sauf dans des cas exceptionnels comme celui de Jeanne Calment. Aujourd'hui, vivre au-delà de 125 ans semble biologiquement impossible. Cette barrière signifie que, même si l'on parvenait à éliminer toutes les maladies, l'espérance de vie à la naissance ne pourrait guère dépasser 120 ans. D'où la nécessité, pour les transhumanistes, de contrer le processus de vieillissement, seul moyen d'atteindre une espérance de vie à la naissance qui pointe vers 150, 200 ans ou davantage.

de transport lancé par Elon Musk en 2013, qui permettrait de rallier San Francisco à Los Angeles en 30 minutes[1].

Vaincre le déterminisme temporel et le déterminisme spatial constitue l'idéal régulateur de l'innovation contemporaine. Il s'agit d'une motivation extrêmement forte, qui stimule puissamment les changements technologiques et économiques que nous observons.

Le vertige de l'intelligence artificielle

Parmi les technologies qui forment l'infrastructure de cette mutation, l'intelligence artificielle occupe une place centrale en raison de son potentiel extraordinaire de destruction créatrice, même si c'est bien entendu le versant destructeur qui inquiète le plus. Certes, le numérique, les nanotechnologies, la robotique, l'impression 3D recèlent une charge explosive significative. Mais l'intelligence artificielle vient nous concurrencer sur un terrain dont nous, humains, pensions détenir le monopole.

Pour des raisons pédagogiques, il est nécessaire à ce stade d'introduire une distinction entre l'intelligence artificielle forte et l'intelligence artificielle faible[2]. L'intelligence artificielle faible est celle qui équipe des voitures sans chauffeur ou des robots spécialisés dans le diagnostic médical. Il s'agit d'une intelligence

1. Hyperloop est constitué de capsules propulsées par un champ magnétique et se déplaçant dans un tube sous basse pression dans lequel les frictions d'air sont presque absentes. Avec ce système, les capsules peuvent se déplacer à plus de 1 000 kilomètres/heure.

2. *Cf.* Luc Ferry, *La Révolution transhumaniste*, Plon, 2016.

préprogrammée dans un but précis : conduire un individu d'un point à un autre ou identifier la pathologie dont il souffre. La force de l'IA faible repose sur sa mémoire et sa capacité de calcul. Un être humain ne peut analyser en temps réel la totalité du trafic qui environne son automobile. Sa perception est très partielle, contrairement à celle de la voiture sans chauffeur. Un médecin humain ne peut consulter la totalité de la littérature scientifique mondiale récente concernant une maladie en quelques secondes. Un robot conçu pour cela le fait sans difficulté. Des points de vue mémoriel et calculatoire, l'intelligence artificielle est donc déjà très supérieure à l'homme et son avance ne cessera plus de s'accentuer. Mais, étant programmée pour un objet, elle ne réussit pas le test de Turing selon lequel il doit être impossible, dans une pièce noire, de faire la différence entre une machine et un humain. Empruntez un bus sans chauffeur comme on commence à en croiser dans quelques villes européennes et, alors qu'il s'approche de votre arrêt, proposez-lui de monter boire un dernier verre dans votre appartement : il ne vous répondra pas. Faites le même exercice avec un (ou une) chauffeur et vous obtiendrez forcément un résultat : oui, non, une claque, une dénonciation à la police, que sais-je, mais le chauffeur, bien que son métier soit de conduire, saura vous répondre puisque l'homme dispose de cette liberté, de cette absence de programmation. C'est ce qui le distingue d'une machine et de l'animal, régi par son instinct.

Cette différence s'efface si la machine est pourvue d'une intelligence artificielle forte. L'intelligence artificielle forte se distingue de la faible en ce sens qu'elle a conscience d'elle-même, comme l'ordinateur Carl de *2001, l'odyssée de l'espace*. L'IA forte se rapproche donc de l'animal, voire de l'homme si elle est capable d'anticiper sa propre disparition. L'un des principaux dangers du développement exponentiel de l'IA forte réside justement dans sa capacité à se retourner violemment contre l'homme si elle se sent menacée. Pourrons-nous parlementer avec une IA intellectuellement mais aussi physiquement infiniment plus forte que nous ? C'est notamment pour cette raison que Stephen Hawking, Bill Gates et Elon Musk s'inquiètent de l'expansion de l'IA. Comme le souligne en particulier Bill Gates, dans un premier temps, une intelligence artificielle assurerait des tâches pénibles pour l'homme. Mais au fil des progrès de la technologie, elle posera des problèmes difficiles pour nos cerveaux humains. Surtout, renchérit Hawking, une compétition pour la survie s'établirait entre les machines et les humains qui tournerait rapidement à l'avantage des ordinateurs en raison de leur puissance intellectuelle, puissance qui leur permettrait de tout savoir sur nous et de connaître nos volontés, notamment notre souhait de les débrancher si l'intelligence artificielle nous menaçait. Dans ce cas, les machines n'hésiteraient pas à utiliser toutes les armes à leur disposition pour nous détruire physiquement.

Les trois lois édictées par l'auteur de science-fiction Isaac Asimov dans les années 1940 restent valables pour notre époque :

– un robot ne doit pas porter atteinte à l'intégrité d'un être humain ni permettre qu'un humain soit exposé au danger ;
– un robot doit obéir à un être humain sauf si cet ordre entre en conflit avec la première loi ;

– un robot doit protéger son existence à partir du moment où cette protection n'est pas contradictoire avec les deux premières lois.

En 2017, presque personne ne pense possible que l'IA forte advienne avant une vingtaine d'années, voire beaucoup plus. Néanmoins, vu l'ampleur du défi qui se présente à nous, vingt ans au moins seront nécessaires pour réguler les usages de l'IA forte et pour faire évoluer notre marché du travail et notre système de formation dans un sens qui permette au travail humain de demeurer la colonne vertébrale de notre organisation sociale.

L'intelligence artificielle faible est complémentaire du travail humain

Il est possible que l'IA faible déclenche la plus grande mutation du travail observée depuis les tréfonds de l'histoire de l'humanité puisque jamais une machine n'était venue concurrencer à ce point, sur certaines tâches, le cerveau biologique. Mais calmez-vous. Tant que l'IA faible ne réussit pas le test de Turing, l'humain et la machine diffèrent et demeurent des facteurs de production complémentaires. Tant que cette complémentarité existe, il est possible de combiner le travail humain et la machine pour concevoir, fabriquer, commercialiser des biens et des services, à partir du moment où s'exprime à leur égard une demande solvable.

L'IA faible ne modifie pas les raisonnements économiques classiques, mais elle les exacerbe pour trois raisons. Premièrement, sa puissance devient telle qu'elle effectue beaucoup de tâches routinières, si ce n'est de métiers, avec plus d'efficacité que l'homme.

Deuxièmement, son coût diminue rapidement. Comme le souligne Laurent Alexandre, l'intelligence artificielle tend vers la gratuité alors que l'intelligence biologique est toujours plus onéreuse[1]. Troisièmement, la vitesse de propagation de ces technologies accélère, et la cause de cette accélération est double. D'abord, l'IA engendre de l'IA. Plus les technologies NBIC sont performantes, plus elles permettent à l'IA de progresser. Cette « autoaccélération » donne un sentiment de vertige, d'une course sans fin à laquelle les philosophes doivent donner un sens afin que notre civilisation ne chute pas dans le puits du « monde de la technique[2] ». Ensuite, cette vague d'innovation est la première dans l'histoire qui soit totalement mondialisée. La mutation de l'Antiquité a concerné, pour l'essentiel, les rives des mers Méditerranée et Égée. La Renaissance a pris naissance dans les cités-États du nord de l'Italie puis a connu un mouvement ascendant vers la France, l'Angleterre, la Flandre. Le nord de l'Angleterre a constitué le foyer de la révolution industrielle de la fin du XVIIIe siècle avant de s'étendre vers le sud, puis dans les colonies orientales et occidentales de l'empire. La mutation NBIC, bien qu'elle concentre ses feux à l'ouest des États-Unis et à l'est de la Chine, est mondiale. À des degrés divers,

1. Laurent Alexandre est l'auteur de *La Mort de la mort*, paru chez JC Lattès en 2011. Il est l'un des meilleurs spécialistes francophones de l'innovation contemporaine, en particulier dans le domaine médical. En France, ses interventions médiatiques ont, à juste titre, un retentissement colossal. L'intervention de Laurent Alexandre sur l'intelligence artificielle le 19 janvier au Sénat peut être visionnée sur YouTube.

2. Sur ce sujet du sens dans un contexte d'innovation mondialisée, il faut lire *La Révolution de l'amour. Pour une spiritualité laïque* de Luc Ferry (Livre de Poche, 2011), le livre le plus important sur ce sujet, et *Des jeunes sans histoire ? Essai sur le malaise occidental*, de Pierre Bentata (Libréchange, 2016).

presque tous les pays du monde accueillent des chercheurs et des entreprises qui y contribuent. Les hommes et les idées circulent à une vitesse inédite, dans une ère géographique étendue comme jamais, ce qui stimule l'ampleur et la vitesse de la mutation, la hauteur et la puissance de la vague.

La demande pour le travail humain est potentiellement infinie à deux conditions. La première, c'est que la croissance économique soit infinie. Elle l'est puisqu'elle repose en dernier recours sur l'intelligence et la créativité humaines, source vive intarissable des évolutions technologiques et des gains de productivité[1]. La deuxième, c'est que le travail humain se différencie en permanence de l'IA faible. C'est cette différenciation qui assure la pérennité du travail humain. D'où cette question qui devrait nous tourmenter jour et nuit : quelle est la différence entre l'homme et la machine ? C'est, pour des raisons philosophiques et économiques, *la* question du début du XXIe siècle.

Ce type de questions est propre aux grandes périodes de destruction créatrice schumpétérienne. La question philosophique centrale de la Renaissance et des Lumières interrogeait la différence entre l'homme et l'animal. Descartes y apporta une réponse assez sophistiquée, mélange de matérialisme et de dualisme[2]. D'un côté, il voyait le corps animal et le corps humain comme des machines, relativement simple pour l'une,

1. J'ai montré dans *On entend l'arbre tomber mais pas la forêt pousser* que la contrainte environnementale n'était pas immuable et qu'elle ne saurait constituer un obstacle à une croissance « qualitative ».

2. Cette interprétation du cartésianisme sert de base de réflexion à Stanislas Dehaene dans *Le Code de la conscience* (Odile Jacob, 2014).

complexe pour l'autre. Les membres et les organes fonctionnent comme des orgues d'église, où des soufflets insufflent des fluides dans des réservoirs et des canalisations ; le cerveau est une machine hydraulique de précision ; l'état de sommeil est lié à une baisse de la pression des fluides internes. Mais, d'un autre côté, Descartes voyait bien que son schéma matérialiste était incapable d'expliquer la complexité du langage humain et la flexibilité de nos raisonnements, d'où son dualisme, nécessaire pour distinguer l'homme de la machine.

Pic de la Mirandole, Rousseau et Kant apportèrent à la question de la singularité de l'homme une réponse limpide[1]. L'animal est principalement régi par ses instincts alors que l'homme est un être de liberté. L'animal est programmé par la nature comme l'intelligence artificielle faible l'est (pour le moment) par les hommes. Les animaux, quelques jours après leur naissance, mangent instinctivement ce qui est bon pour eux, chassent et se cachent s'ils entendent ou sentent la présence de prédateurs. J'observe chaque jour mes poules – comme j'observais mon chat avant qu'un chauffard décérébré ne lui ôte la vie. Elles ne sont pas stupides, disposent peut-être d'une conscience limitée de leur existence et sont même capables de montrer une certaine affection, sans doute parce que mes enfants, à force de les côtoyer, les ont un peu domestiquées. Mais, comme des chats ou des chiens, les poules ne sont pas libres par rapport à la nature. Elles se précipitent sur la nourriture, se couchent avec le soleil, courent quand elles flairent un danger. Personne n'a

1. Luc Ferry a également beaucoup écrit sur la différence entre l'homme et l'animal : *cf. Sagesses d'aujourd'hui*, J'ai lu, 2016.

appris à mes poules à se laver dans la terre ni à aller au pondoir. Elles l'ont fait naturellement. Les humains, ce qui constitue leur drame et leur grandeur, s'écartent de leurs instincts. Ils suivent des régimes ou se bâfrent à s'en rendre malade, ils fument et se saoulent, ils dorment souvent insuffisamment, ils savent (parfois) faire face au danger sans s'enfuir en courant. L'homme s'écarte de son instinct parce qu'il en a peu. Il est libre : son existence précède son essence. L'animal est programmé, comme le sont encore l'intelligence artificielle et les robots.

Depuis des millénaires, l'animal n'a pas volé à l'homme son travail. L'homme n'a pas voulu (pas plus qu'il n'a pu) déléguer son travail à l'animal. Il a préféré s'organiser avec lui afin de devenir plus productif. Nous aurons à relever ce défi avec l'intelligence artificielle, même (surtout) si celle-ci devient forte dans quelques décennies, dotée d'une conscience d'elle-même, voire d'un libre arbitre, comme le pense possible Stanislas Dehaene grâce aux progrès des sciences cognitives, de la neurophysiologie et de l'imagerie cérébrale[1]. L'homme doit dès maintenant apprendre à utiliser l'intelligence artificielle pour améliorer le monde, fin ultime de l'innovation. C'est en approfondissant son humanité, en développant son empathie et sa créativité, en approfondissant sa conscience philosophique, en utilisant son libre arbitre, qu'il sauvera son travail. Faites passer ce message à vos enfants. C'est le meilleur service à leur rendre.

1. Stanislas Dehaene, *Le Code de la conscience*, *op. cit.*

Flexibilité et formation sont les conditions du progrès

L'IA faible n'invalide pas les règles classiques de l'économie. Schumpeter n'est pas mort : le concept de destruction créatrice demeure profond et fécond pour saisir notre monde ; Keynes n'est pas moins pertinent : en principe, le chômage technologique demeure un mal transitoire qu'il est possible de combattre. Mais ce terme « possible » est chargé de nouvelles difficultés parce qu'il doit relever le défi de l'ampleur et de la vitesse, défi complexe pour nos vieilles démocraties tétanisées par la peur et fossilisées par les rigidités légales, réglementaires, bureaucratiques et fiscales.

Nos sociétés modernes et développées sont capables de s'adapter à l'IA faible et d'éloigner le spectre du chômage technologique durable à condition de flexibiliser leur économie et de former leurs citoyens. Cette notion de flexibilité est aussi populaire dans les pays anglo-saxons qu'elle est mal connotée en France. Aux États-Unis ou au Royaume-Uni, la flexibilité est présentée comme un acquis qui a été conquis de haute lutte. En France, elle renvoie à l'idée du travailleur flexible. La France confond l'institution et l'humain. Dans l'esprit de la plupart des syndicalistes et des personnalités politiques, un droit du travail flexible produit des travailleurs flexibles, corvéables jour et nuit pour des salaires de misère. Un rapide coup d'œil sur les pays dans lesquels le droit du travail se cantonne à quelques règles, comme la Suisse ou le Danemark, devrait les convaincre de leur erreur, mais l'être humain dispose d'une capacité étonnante d'aveuglement idéologique. Dans les périodes de destruction créatrice accélérée, la flexibilité permet à l'économie de muter avec la technologie, ce qui conditionne la croissance. Bloquer les évolutions en érigeant des barrières qui empêchent les nouvelles technologies de remplacer les plus anciennes freine la création, mais ne parvient pas à contrarier la destruction. Peut-on me citer un seul pays qui ait réussi dans l'histoire à rester prospère en stoppant les avancées technologiques qui bouleversent le monde alentour ? Quel pays s'est barricadé avec succès ? Le matérialisme marxien nous dit, sur ce sujet, la vérité : la technologie finit par emporter toutes les superstructures juridiques, politiques, sociales et même morales. Que cela vous déplaise n'aura aucune espèce de conséquence sur la réalité du monde. Accueillons la technologie comme une occasion de croître. C'est plus réaliste et plus sage.

La flexibilité donne aux entreprises l'opportunité de changer les manières de travailler et de créer de nouveaux emplois. Encore est-il nécessaire que des individus soient capables de les exercer. Où l'on voit le rôle central de la formation dont tout le monde parle sans toujours garnir cette notion d'un contenu concret. La formation continue doit « protéger les personnes et non les emplois » en conférant à chacun des compétences qui permettent de changer de métier, suivant ses goûts et les évolutions technologiques et économiques. On attribue généralement au pasteur luthérien danois Nikolai Frederik Severin Grundtvig la paternité de la formation continue. Sa première *Hojskole*, école tout au long de la vie, a été ouverte en 1844. On en compte désormais 70 au Danemark, partiellement financées par l'État. Plusieurs dizaines de milliers de Danois y suivent des cours chaque année. On est loin de l'incompréhensible et inflationniste système français. Le même Danemark propose, avec un grand profit, aux jeunes âgés de 14 à 18 ans d'effectuer une année dans une *Efterskole* (littéralement « après-école ») pendant laquelle ils seront aidés à développer des facultés qui ne relèvent généralement pas du système scolaire. Ces aptitudes vont du travail manuel au sport en passant par l'art. Les *Efterskole* laissent une grande part à la liberté et au travail collectif mais elles sont encadrées par des règles intangibles qui portent, dans un style très danois, sur des comportements sociaux et dont le non-respect déclenche l'expulsion sans délai. Cette année agit comme un aiguillon qui aide les Danois à trouver leur voie professionnelle après avoir acquis les compétences de base : 15 % d'une classe d'âge passe par une *Efterskole* chaque année et ces élèves s'insèrent remarquablement bien dans la société danoise[1]. L'exemple danois rappelle que formation initiale, apprentissage et formation continue doivent constituer un continuum.

Les compétences du XXIe siècle telles qu'elles sont définies par l'OCDE (plasticité, capacité d'interaction, initiative, esprit critique et créativité) sont des termes à utiliser certes, mais avec discernement. Car il est tout aussi urgent d'insister sur ce qui rend possible l'acquisition de ces compétences : la compréhension du langage et son expression, écrite et orale, la capacité à se situer dans le temps et l'espace (l'histoire-géographie), l'étude des langues étrangères, non seulement pour communiquer avec l'autre, mais pour le comprendre, la morale et l'éthique, des connaissances scientifiques. La lecture des philosophes grecs et des historiens romains, l'écoute de Bach et de Mozart, l'étude de la Bible permettent de mieux saisir l'avenir, de l'aimer davantage, d'embrasser

1. *Cf.* Malene Rydahl, *Heureux comme un Danois*, Grasset, 2014.

le monde dans toutes ses dimensions, d'étendre notre capacité à agir sur le réel et, finalement, d'être plus humain. L'exigence de complémentarité entre l'homme et la machine doit nous conduire à approfondir les compétences qui nous sont propres et qu'une machine aura du mal à atteindre : la capacité à agir dans toutes les circonstances, y compris les plus improbables[1].

Le métier de l'homme : coopérer avec l'intelligence artificielle pour construire le monde

Laissons respirer l'innovation, l'économie et la société ! Apprenons sans cesse, ce qui relève de la technique ou de la « culture générale », pour faire grandir l'humain en nous ! Mais pour quels métiers ? Pour devenir spationautes et aller sur Mars ? Pour vendre des panneaux solaires de porte en porte ? Pour philosopher sur la possibilité du transhumanisme ? Voilà sans doute trois activités amenées à se développer. Mais on ne va pas faire ici la liste de tous les métiers possibles ces dix prochaines années. Ce serait long et incertain puisque de nombreux métiers d'avenir n'existent pas encore. Qui aurait pu parier, au début du XXe siècle, sur l'explosion du métier d'expert-comptable ou d'avocat d'affaires ? On sait cependant que les métiers qui vont disparaître sont ceux qui copient la machine ou que

1. Ce sont d'ailleurs ces aptitudes dont l'OCDE et le Forum économique mondial recommandent l'acquisition : conceptualisation, intelligence sociale, adaptabilité, communication interculturelle, interprétation des données ; maîtrise des nouveaux médias ; transdisciplinarité ; développement des procédures ; gestion de l'information ; collaboration virtuelle.

la machine copie avec succès. Le même raisonnement vaut pour les tâches. L'homme peut désormais concentrer son énergie pour aller dans trois directions : créer la machine, la programmer, la diriger ; coopérer avec la machine ; faire ce dont la machine est, pour l'heure, incapable : interactions sociales et créativité artistique.

1. Les machines ne savent pas encore concevoir et produire des machines. Il faudra attendre que l'IA forte advienne pour assister à cela. En attendant, les métiers de concepteurs, ingénieurs, designers, dans les entreprises productrices de technologies, resteront très demandés. Ceux qui les occupent sont en général titulaires de diplômes prestigieux, parlent plusieurs langues et sont des citoyens du monde. Leur productivité et leurs rémunérations sont élevées.

2. Les médecins, juristes, experts-comptables, journalistes… vont devoir apprendre à utiliser l'IA, la traiter comme un outil complémentaire des compétences humaines. Aujourd'hui, ils s'en inquiètent comme un oiseau a peur d'un chat. Mais l'IA ne remplacera pas un médecin qui restera responsable d'une prescription. En revanche, elle va considérablement modifier le métier de praticien et supprimer certaines tâches. Une IA peut lire la totalité de la recherche médicale portant sur une pathologie en quelques secondes. Elle peut en tirer un diagnostic et une proposition de prescription. Mais la prescription en elle-même restera le monopole du médecin à qui sa liberté permet d'embrasser la totalité d'un problème. La machine analyse les données médicales d'un patient. Le médecin traite le reste, c'est-à-dire les interactions entre sa biologie, son environnement social, religieux et ses attentes personnelles. En théorie,

une machine pourrait s'en occuper. Mais quel patient le voudrait ? Et serait-ce efficace ? Cynthia Fleury a créé la première chaire de philosophie à l'hôpital de l'Hôtel-Dieu à Paris. Elle ne cesse de répéter que le soin ne saurait se réduire à la technique. L'attention accordée au patient du fait de sa spécificité fait partie du soin dont la vision doit être la plus holistique possible. « La médecine sans la clinique, c'est de l'informatique[1] », affirme la philosophe. Ruwen Ogien a publié un beau livre où il croise son expérience de malade avec son analyse de philosophe[2]. Ogien s'émeut que les patients souffrant de maladies chroniques soient traités comme des « déchets sociaux ». Avec des mots émouvants et drôles, il explique le déséquilibre de la relation entre le patient et le médecin qui relève selon lui de la comédie. Il souhaiterait que le malade puisse bénéficier d'une vraie liberté individuelle et d'une vraie autodétermination. Les progrès technologiques sont nécessaires au combat pour la vie et les médecins technophobes, souvent par corporatisme étroit, fragilisent le système de soins, l'équité et glacent le temps présent en refusant l'avenir. Mais la technologie, seule, est insuffisante à nous soigner.

Les secteurs qui utilisent les technologies d'IA depuis le plus longtemps, comme l'aéronautique et l'armée, savent que la combinaison machine-humanité est celle qui permet de produire le plus de sécurité. Les avions de ligne modernes embarquent depuis des décennies des

1. Le terme « clinique » est à entendre ici comme une médecine à exercer « près du lit du malade », c'est-à-dire humainement proche du malade lui-même.

2. Ruwen Ogien, *Mes mille et une nuits. La maladie comme drame et comme comédie*, Albin Michel, 2017. Ruwen Ogien est décédé le 4 mai 2017, quelques jours avant que je ne rende à mon éditeur ces épreuves…

outils qui permettraient à un avion de voler presque seul, comme un drone préprogrammé. Simplement, il est des circonstances dans lesquelles cette préprogrammation est une prison mortifère. Il y a quelques années, un Airbus A320 de la Lufthansa qui reliait Bilbao à Munich s'est mis à piquer du nez. Les automatismes de l'appareil pointaient vers le sol afin de gagner de la vitesse et d'éviter le décrochage, cette situation dans laquelle un avion vole si lentement que ses ailes ne le portent plus, comme un vélo qui bascule d'un côté. Les indicateurs de vitesse de l'avion signalaient une situation proche du décrochage, d'où la réaction en théorie appropriée des ordinateurs de l'appareil. Sauf que, pour une raison mécanique (du givre déposé sur les sondes extérieures qui calculent la vitesse à partir du débit d'air qui s'écoule autour d'elles), ces indicateurs affichaient une vitesse fausse. Dans cette situation, seuls les pilotes ont pu repérer l'erreur de la machine. On dit que les hommes échouent plus souvent que les machines, ce qui est vrai. Mais cela n'infirme pas l'idée selon laquelle l'efficacité optimale s'obtient par combinaison de matière artificielle et biologique. Ce qui est vrai pour l'aéronautique et la médecine l'est pour la justice ou le journalisme. Pris au pied de la lettre, le métier de journaliste d'investigation peut espérer un avenir radieux. Utiliser les faits comme une matière première pour leur donner du sens et replacer l'évolution d'une actualité économique, politique ou juridique dans un système global et sans frontières ; hiérarchiser l'actualité, non pas simplement en fonction de ce qui intéresse explicitement le lecteur d'un journal, mais de ce qui est important : voilà des aptitudes profondément humaines.

Parfois, j'apprécie que l'algorithme de l'application de *streaming* que j'utilise diffuse son « flux ». Mais, en y réfléchissant, je n'ai jamais rien découvert grâce à ce procédé qui m'eût marqué. La dernière fois que mes goûts musicaux ont évolué, c'était à Harlem, un après-midi glacial de février. En face de l'Apollo, des New-Yorkais assis sur des chaises sur le trottoir passaient des disques de soul : Al Green (qui n'était pas new-yorkais), Curtis Mayfield (non plus), Solomon Burke (j'ai encore du mal à l'écouter, c'est daté), les Brothers Johnson, même (ça j'adore, mais c'est plus facile, je les avais entendus dans les films de Tarantino). Depuis, j'écoute de la soul, alors que je sortais peu, jusqu'alors, de la pop anglaise et de la musique classique. Mais pour y être sensible, un médiateur humain, vieux Noir new-yorkais, dans un endroit incroyablement dense en humanité, m'a été nécessaire. Il me semble que cela signifie que les programmateurs musicaux ne devraient pas disparaître.

L'ouvrier cessera-t-il d'exister ? Passera-t-on « rue des Ouvriers » comme on se promène « rue des Lavandières » ? Il y a longtemps, Toyota avait appliqué à l'industrie la philosophie du *kaizen*, qui signifie littéralement « amélioration continue ». Toyota avait conceptualisé la contribution de chaque collaborateur à l'efficacité de l'organisation et à la recherche de la productivité. Elle en avait fait une méthode enseignée pendant des décennies dans les universités et les écoles de commerce. Selon le *kaizen*, tous les membres d'une équipe doivent identifier les points d'amélioration dans l'organisation et proposer des actions concrètes en respectant une règle dite des cinq S : *Seiri* (éliminer le superflu), *Seiton* (ordonner son espace de travail), *Seiso* (faire scintiller), *Seiketsu* (standardiser), *Shitsuke* (s'engager durablement pour progresser). La philosophie du kaizen conduit une entreprise à vouloir améliorer la qualité sans relâche, à tous les niveaux, et de façon décentralisée puisque tous les collaborateurs sont impliqués. Cette méthode est si forte qu'elle a façonné la culture et l'image de Toyota, a inspiré de nombreux modèles d'entreprises, apporté ses lettres de noblesse à la gestion optimale des stocks (les flux tendus) et donné naissance à des concepts managériaux comme le *lean management*, c'est-à-dire l'engagement de chacun pour lutter contre les gaspillages. On a souvent moqué ces théories japonaises dans la mesure où les performances macroéconomiques du Japon ne sont plus, depuis les années 1990, ce qu'elles étaient dans les années 1980. C'est vrai, mais cela ne doit pas masquer des réussites éclatantes, comme Toyota, le principal constructeur automobile dans le monde. Le kaizen tire son sens de la complémentarité entre l'homme et la machine. En effet, un système dans lequel les robots surveilleraient les robots et enverraient des préconisations au management serait aussi pauvre qu'un système dans lequel les humains ne chercheraient jamais à améliorer le fonctionnement des machines. La technologie envoie des signaux d'erreurs et les humains contribuent à améliorer le système.

Depuis l'avènement du toyotisme, les progrès de l'intelligence artificielle ont arraché les robots à leurs automatismes. Autrefois, les robots répétaient mécaniquement les mêmes gestes. Aujourd'hui, ils communiquent entre eux, apprennent de leurs erreurs et les corrigent. Mais les responsables de Mitsubishi, une autre firme japonaise, ont identifié de quoi rassurer, au moins partiellement, ceux qui s'inquiètent de la fin du travail : les robots intelligents et les hommes doivent travailler ensemble. Les robots suppléent aux défauts des hommes, les hommes connaissent leurs robots, leurs grandes qualités de précision, de robustesse, d'endurance, mais aussi leurs défauts. L'homme a davantage d'intuition. Il pressent qu'une pièce sera défectueuse avant un robot, il anticipe et sait comment régler le problème. L'homme n'est programmé pour rien. Il est moins précis que le robot, il se fatigue vite, mais sa liberté lui permet de résoudre avec une grande créativité des problèmes inattendus. À tel point que, plus une usine investit dans les robots, plus elle a besoin d'humains. Certaines entreprises sont même contraintes par des pénuries de compétences, par exemple des statisticiens capables d'analyser et de donner du sens aux immenses bases de données fournies par les logiciels qui font marcher les robots.

Les « robots collaboratifs » sont conçus pour travailler avec des individus comme deux humains entre eux. Tout va bien donc. Le robot soulage l'humain des travaux les plus pénibles. Ses yeux noirs et ronds et son sourire le rendent amical. C'est un merveilleux collègue de travail, pas un concurrent. Cela dit, le marketing des fabricants de robots aura du mal à me faire croire que, dans une usine donnée, les robots ne détruisent pas d'emplois. L'arrivée des robots introduit un subtil jeu de complémentarité/substituabilité avec les humains. Comme souvent avec l'innovation, ce ne sont pas des métiers qui sombrent en totalité et pour l'éternité, mais des tâches qui sont passées aux machines. Mais, tâche après tâche, la demande de travailleurs humains dans les usines s'étiole. Nous aurons toujours besoin d'ouvriers. De quelques ouvriers.

3. Les économistes qui réfléchissent à ces transformations affirment à l'unisson que l'homme conservera au moins deux prérogatives face à la machine : il lui restera les « interactions sociales » et la création artistique. Cette spécialisation naturelle de l'homme est le produit d'une évolution darwinienne de plusieurs millions d'années. La modestie de la force physique de l'humain l'a conduit à développer des avantages dans les domaines de la perception et de la créativité. Suivant le « paradoxe de Moravec[1] », l'homme conserve aussi un avantage comparatif dans les activités qui nécessitent une bonne coordination sensori-motrice[2]. L'IA peut battre l'homme à des jeux extrêmement complexes, mais il est difficile pour une machine de concevoir une plaisanterie.

Charles Darwin publie en 1871 *The Descent of Man* (traduit en français par *La Filiation de l'homme*), livre dans lequel il souligne que la théorie de la sélection naturelle s'applique non seulement aux caractéristiques morphologiques, mais aussi aux instincts. La sympathie, l'instinct de coopération, la considération de l'autre ont émergé parce qu'elles sont efficaces dans le cadre de la lutte pour les ressources. C'est ce point, qui jette un pont entre biologie et société, qui n'a pas été compris par les premiers philosophes néodarwiniens qui tiraient de la pensée du maître la nécessité de l'égoïsme dans la société. La lecture de *The Descent of Man* montre que Darwin estimait, au contraire, que la survie de

1. Enseignant-chercheur au centre de robotique de l'université Carnegie-Mellon, Hans Moravec est connu pour ses travaux sur la robotique, l'intelligence artificielle et l'impact des nouvelles technologies.

2. *Cf.* Daniel Cohen, *Le Monde est clos et le désir infini*, Albin Michel, 2015.

l'homme, dans son optique évolutionniste, passe par la coopération et le soin mutuel. Il n'est pas inutile de rappeler cette vision biologique et utilitariste de Darwin qui rappelle que l'isolationnisme, le repli, l'égoïsme peuvent nous tuer.

Le siècle du *care*

Les économistes affirment que, parmi les métiers d'avenir, figurent ceux qui participent aux « interactions sociales ». Robotiser ces métiers est impossible puisqu'ils consistent à échanger de façon humaine avec d'autres humains. Certes, une machine peut, au prix d'efforts de programmation colossaux, faire preuve d'empathie ou de sollicitude (pendant quelques minutes). Nous avons tous vu des images d'adorables robots capables de travailler avec des enfants autistes ou de vieilles personnes dépendantes. Mais le robot n'est pas l'autre visage qui nous fait exister au sens de Levinas. Il n'est pas l'être mortel à côté duquel je me tiens et à qui je peux dire : « Je suis là. » Les robots ne sont que des outils, mais ce peut être déjà énorme. En outre, comme le souligne Moravec, la machine a beaucoup de mal à reproduire les gestes des humains. Des sommes d'argent colossales doivent être investies pour qu'un robot soit capable de la même habileté qu'un serveur de restaurant, qu'une infirmière ou qu'une nourrice qui donne le biberon. Ces emplois sont donc protégés et de plus en plus nécessaires car la demande d'interactions empathiques est plus ardente quand la technologie envahit nos vies. À ce titre, machine et humain sont des facteurs de production complémentaire. Plus les hôpitaux seront remplis de robots chirurgiens ou anesthésistes, plus nous croiserons d'infirmières dans les couloirs pour poser des perfusions ou, tout simplement, rassurer les patients.

Certains, et plus sûrement certaines, auront tiqué en lisant « infirmières » et « nourrices », et non « infirmiers » et « assistants maternels ». C'est que, de fait, ces métiers sont souvent occupés par des femmes. Ces professions relèvent de ce que les Anglo-Saxons nomment le *care* et qui n'est pas facile à traduire en français. Sollicitude, aide, soin, compassion… le *care* englobe toutes ces notions sans se réduire à l'une d'elles. Infirmière, nourrice, assistante, femme de ménage, aide aux personnes âgées, médecin… tous ces métiers relèvent du *care*. Je les emploie au féminin à dessein. En effet, il existe depuis l'apparition de ce concept dans les travaux[1] de la philosophe et psychologue américaine Carol Gilligan, dans les années 1980, un débat pour savoir si le *care* serait par essence féminin ou bien si ces métiers sont occupés par des femmes car peu payés dans une société machiste. Carol Gilligan souligne que, très tôt, les petites filles se préoccupent des autres avant de se préoccuper d'elles-mêmes. Elles seraient donc, par nature, plus enclines à s'occuper d'autrui que les petits garçons. Elles aident plus spontanément un autre enfant à faire ses devoirs, elles rendent plus facilement un service, elles prêtent plus souvent un jouet. Ce déterminisme se prolongerait à l'âge adulte, les hommes étant particulièrement sensibles à l'ordre et à la justice, et les femmes aux relations humaines et au *care*. Plus tard, des auteurs comme Nel Noddings ont voulu

1. *Cf.* Carol Gilligan, *Une voix différente, pour une éthique du* care, Flammarion, 2008.

donner un fondement biologique au *care* : les femmes sont tournées vers les autres car la nature les oblige à s'occuper de leur enfant plus que les hommes. Jusqu'à la naissance, elles portent, seules, un bébé. Après, souvent, elles le nourrissent au sein. Quel que soit l'amour qu'il porte à son enfant, le père en est fatalement plus éloigné que la mère.

Ces théories ont été critiquées pour plusieurs raisons. D'abord, elles pourraient signifier que les hommes ne sont pas tournés vers autrui alors que toutes les femmes seraient généreuses, ce qu'on n'observe évidemment pas dans la réalité. En l'occurrence, le systématisme des théories originelles du *care* est suspect. Ensuite, cet essentialisme enferme la femme autant qu'il disqualifie l'homme. Si le destin des femmes est de s'occuper des autres, autant leur fermer la porte des écoles d'ingénieurs et de commerce dans lesquelles elles ne s'épanouiront pas ! Ensuite, l'Américaine Joan Tronto rappelle (avec exagération, c'est une gauchiste assez radicale) que les emplois du *care* sont, certes, occupés par des femmes, mais aussi souvent pas des immigrés, non pas en raison d'une prédisposition naturelle, mais parce qu'ils sont peu payés et que les « hommes blancs » préfèrent les métiers bien rémunérés[1].

Il est vain d'opposer frontalement le différentialisme de Gilligan et le marxisme de Tronto. J'ai élevé une petite fille et un petit garçon, et j'ai observé qu'en dépit d'une éducation similaire pour les deux et de parents dont la vie de couple est purgée de toute trace de patriarcat, il existe des différences de comportement, et tant mieux ! Quelle tristesse, un monde où

1. Joan Tronto, *Un monde vulnérable. Pour une politique du* care, La Découverte, 2009.

les hommes et les femmes seraient identiques ! Certes, une partie des comportements masculins et féminins reposent sur un substrat culturel et éducationnel qui place presque systématiquement les garçons en situation de domination et les femmes en retrait. De ce point de vue, les *gender studies* visent juste. Mais le corps existe avant la culture. L'homme et la femme sont naturellement différents et les cultures, parfois pour le meilleur, souvent pour le pire, ont exacerbé ces différences, ce qui donne un argument décisif à Tronto : les métiers relatifs au *care* ont été pendant longtemps sous-valorisés et donc « réservés » aux femmes. Les analyses de Gilligan et Tronto se complètent utilement.

Les métiers du *care* ne sont pas automatisables en totalité. Ils peuvent l'être partiellement, mais, dans ce cas, le rôle de l'humain demeure. Le vieillissement de la population, l'essor des maladies chroniques, la nécessité d'éduquer davantage et la technologisation du monde vont augmenter la demande adressée à ces professions. En France, en dépit d'un strict contrôle des dépenses de santé, 640 000 infirmières (près de 90 % sont des femmes) étaient en poste début 2015, soit un niveau jamais atteint. Le soin des patients à domicile, l'aide aux personnes dépendantes et la contribution au respect de l'observance des traitements rendent la présence des infirmières dans le système de santé toujours plus indispensable. Il y a peu d'intérêt médical et financier à déshumaniser le métier d'infirmière. À l'hôpital, les métiers du *care* ne sont pas assez développés, faute non de besoin, mais de ressources financières. Soyons plus capitalistes avec la santé. Mettons-y plus d'argent privé, des mutuelles ou du « grand capital ». Les dépenses de santé vont continuer de croître rapidement, sous le coup de l'innovation, nécessaire aux patients mais inflationniste, au moins dans un premier temps. L'argent public, seul, ne peut financer ces dépenses, et apporter le supplément d'âme et de confort permis par une plus grande présence humaine dans les systèmes de soins. C'est la raison pour laquelle le capitalisme doit entrer dans la santé. Non pour comprimer les dépenses mais, au contraire, pour apporter de nouvelles ressources en abondance. Les interactions sociales au service des patients et l'emploi du XXIe siècle y gagneront.

Les hôtels où je dors

Avec le temps, je suis devenu sourcilleux sur le choix des hôtels dans lesquels je descends. Je ne veux pas dire par là que je n'accepte pas de dormir en dehors de chez moi si l'hôtel qu'on m'a réservé n'atteint pas un certain nombre d'étoiles. Mais, passant un grand nombre de nuits loin du domicile conjugal, j'apprécie de me sentir, là où je vais, comme en famille. J'aime retrouver la chaleur d'un foyer bien que je ne confonde pas le personnel des hôtels avec ma femme ou mes enfants. À l'hôtel, je ne suis pas tout à fait à la maison, mais dans un environnement amical, chaleureux, qui compense partiellement le fait de ne pas être avec les miens. « Voyagez pour apprécier le repos, goûtez de l'hospitalité des hôtelleries pour connaître celle de la famille », écrit Henri-Frédéric Amiel dans *Grains de mil*. Les hôtels sont des lieux spontanément tristes. Le plaisir de voyager est altéré par la solitude. Même dans les hôtels de luxe, la fréquentation du restaurant le soir ou de la salle du petit déjeuner avant de prendre un taxi pour l'aéroport ruine le moral. J'ai l'impression d'être Gustav von Aschenbach dans *La Mort à Venise*.

Dans *Voyages*, Stefan Zweig raconte sa tristesse après la fermeture de l'hôtel Schwert à Zürich. La maison où avaient dormi Mozart ou Casanova n'était pas bien chauffée et le sol pas droit, mais Herr Schwert faisait vivre sa légende et Zweig n'aurait pas pensé loger dans une bâtisse plus moderne et luxueuse. Zweig y raconte la différence entre l'hébergement, simple mise à disposition d'un logement, et l'hôtellerie, accueil civilisé des voyageurs qui ne saurait oublier les relations humaines : « Selon une tradition ancestrale dans les auberges, la direction n'était pas assurée par un chef de réception mais par le propriétaire en personne. Il était toujours émouvant de voir l'affable M. Jölden, avec son petit bonnet sur ses cheveux blancs, aller de table en table : sa femme, sa fille, son fils l'aidaient activement, et ainsi on n'éprouvait pas le sentiment pénible d'être étranger[1]. »

L'hôtelier est étymologiquement celui qui donne l'hospitalité. Cette hospitalité, un non-humain peut-il nous l'offrir ? C'est ce qu'a tenté Hideo Sawada, le fondateur de HIS, l'un des leaders japonais du tourisme, en installant près de Nagasaki le premier hôtel au monde entièrement robotisé. L'humain n'est pas totalement absent, mais n'assure que les tâches que les machines ne peuvent pas encore effectuer : ce sont des individus biologiques qui font les chambres et on peut appeler une hot-line 24 heures sur 24 si, par exemple, l'on est malade et incapable, dans ce pays à la langue exotique pour nous Occidentaux, de prévenir un médecin. À l'hôtel Henn na (ce qui signifie « hôtel étrange »), on

1. Stefan Zweig, *Voyages*, Belfond, 2000.

est accueilli par « une » humanoïde ou un dinosaure, un robot monte les bagages dans la chambre et on achète son repas à un distributeur automatique. C'est amusant mais triste, angoissant et peu coûteux. La robotisation intégrale convient à cet hôtel *low cost* situé dans un parc d'attractions et dans un pays où la baisse de la population active oblige à utiliser des solutions technologiques. Mais la configuration de l'hôtel Henn na ne peut devenir une norme, sauf si le secteur de l'hôtellerie songeait à un suicide technologiquement orchestré. L'expérience Henn na est ludique quand elle n'est pas répétée. Elle serait déprimante si elle devenait la règle.

Ferais-je l'amour avec un robot ?

Allant à un rendez-vous du côté de Saint-Paul, dans le quartier du Marais, à Paris, avec pour une fois de l'avance, je décide de boire un verre rue du Petit-Musc. Je me renseigne, comme j'ai pris l'habitude de le faire depuis que j'ai commencé la rédaction de ce livre, sur l'origine du nom de cette rue. Il dérive de rue Pute-y-Muce, ce qui signifie rue cachée de la pute, ou rue de la pute cachée. J'apprendrai plus tard en lisant un livre d'Andrew Hussey que la bourgeoisie industrielle avait souhaité masquer ces traces de prostitution, certaines révélant un grand mépris social, voire des pratiques sordides[1]. Ainsi, la rue Marie-Stuart s'appela un temps rue Tire-Boudin. La rue Beaubourg était la rue Trousse-Nonain. Quant aux rues du petit et du gros-cul et du poil-au-con, on les débaptisa en laissant

1. Andrew Hussey, *Paris, ville catin*, Max Milo, 2007.

néanmoins ouverts les bordels qui leur avaient donné leur nom.

Rue du Petit-Musc où je m'attable devant une grande bière, on ne trouve plus trace de prostitution, à moins que je n'aie pas l'œil. Les prostituées, je les repère pourtant parfaitement rue Saint-Denis, là où se trouve la sortie de mon parking parisien, puis rue du Ponceau. C'est Kipling qui, en 1888, dans sa nouvelle *Sur le mur de la ville*, a inauguré l'expression « plus vieux métier du monde ». Mais il n'est pas certain que la prostitution mérite ce prix. À tout le moins, ils sont plusieurs à être « les plus vieux ». Ainsi, l'évolution darwinienne, qui n'a décidément rien de moral, n'a pas conféré aux femmes le confort de pouvoir accoucher seules et sans douleur. Accoucher sans danger pour la mère et l'enfant nécessite l'accompagnement de professionnels de santé. Ce qui est vrai aujourd'hui l'était encore plus avant Pasteur, Ambroise Paré et Hippocrate. Aussi, sage-femme pourrait bien être le plus vieux métier du monde (j'apprends au passage qu'on a décidé d'appeler les hommes sages-femmes des « sages-femmes »). En outre, le métier de sage-femme n'est, pour l'heure, pas menacé par la technologie, au contraire de celui de prostituée. J'en ai pris conscience dans le jardin de l'école polytechnique de Lausanne où, venu faire la promotion d'un précédent ouvrage, je répondais aux questions d'un journaliste qui me surprit ainsi :

– Monsieur Bouzou, feriez-vous l'amour avec un robot ?

– Pourquoi pas si c'est une femme.

Question inattendue, réponse incongrue. Pas tant que cela. La prostitution est légale et réglementée en Suisse au nom de la vérité protestante. La Suisse est un pays où l'on préfère protéger plutôt qu'interdire ou pénaliser sans succès. Quelques semaines après mon passage à Lausanne, la mairie annoncera vouloir réduire la zone de prostitution dans ses rues et la concentrer aux alentours de l'avenue de Sébeillon, ce qui permettra notamment d'y améliorer les conditions d'accueil des prostituées avec l'ouverture d'un local fixe et l'installation de toilettes. Mais la réduction de la zone dévolue à ces « travailleurs et travailleuses du sexe », comme le veut l'appellation officielle, est débattue avec fougue. Et dans le journal romand *24 heures* daté du 18 mai 2015, je lis cette déclaration de la présidente du parti vert lausannois : « La Ville doit permettre la création d'un espace sécurisé où les prestations peuvent se faire dans les meilleures conditions. Je ne vois pas de problème à ce qu'elle protège ainsi des personnes qui exercent une activité économique dans des conditions plus précaires que d'autres. »

La mutation technologique schumpétérienne pourrait mettre fin à ces difficultés urbaines, comme la voiture sans chauffeur risque de régler avant le législateur le conflit entre les taxis et les VTC. C'est le sens de la question posée par le journaliste et qui inquiète les syndicats et associations qui défendent les prostituées. L'amour n'est pas le sexe. Il semble encore difficile d'éprouver de l'amour pour un robot comme dans le film *Her* de Spike Jonze, mais pas de faire l'amour avec un robot. En 2016, le rapport « Future of Sex » a fait la liste des innovations les plus prometteuses de la « sextech » en les regroupant en cinq domaines : le sexe à distance (la technologie me permet de coucher avec une femme qui n'est pas dans mon lit), le sexe virtuel (grâce à la réalité augmentée, je couche avec un avatar), les robots (je couche avec une poupée qui peut reproduire une célébrité), les loisirs immersifs (je m'insère virtuellement dans un site pornographique) et l'augmentation (la technologie amplifie les orgasmes)[1]. On trouve dans le panier de la sextech des gadgets sympathiques comme l'oreiller qui reproduit le pouls de votre partenaire, vous donnant l'impression de dormir à ses côtés alors que vous êtes seul dans une chambre d'hôtel. D'autres ne me plaisent absolument pas, à l'image du Kissenger qui permet d'avoir l'impression (semble-t-il) d'embrasser à distance la personne de votre choix en collant vos lèvres sur votre smartphone. Mais ces petites choses ne remplaceront pas la prostitution, au contraire, peut-être, des hologrammes de stars de la pornographie et, surtout, des poupées gonflables hybridées à une intelligence artificielle. À force de faire l'amour avec cette poupée, elle apprendra vos pratiques préférées et vous les proposera spontanément. Ce n'est pas de l'amour, mais c'est bien du sexe. Drôle de vague d'innovation schumpétérienne qui ravit les féministes, inquiète les syndicats de prostituées et interroge les médias. Au bout du compte, c'est en tout cas l'un des plus vieux métiers du monde qui risque de disparaître et la rue Saint-Denis être renommée, d'ici une centaine d'années, « rue des Prostituées ».

Tous les artistes sont des humains

L'art est-il le monopole de l'homme ? De façon intuitive, je dirais oui. Mais la question est plus difficile qu'il n'y paraît et mérite qu'on y réfléchisse. Cette

1. *Cf.* Jenna Owsianik et Ross Dawson, « The future of sex report », disponible sur www.futureofsex.net

démonstration philosophique est porteuse d'une implication économique concrète : si la création artistique est du ressort de l'être humain, la culture est un riche gisement de travail et d'emplois.

Définir ce qu'est une œuvre d'art est terriblement difficile. C'est la raison pour laquelle les philosophes s'y emploient depuis Platon sans tomber d'accord. Sans définir l'œuvre d'art, on peut remarquer ce qui la rend singulière : elle dure. Et cette durabilité concerne aussi bien la statue de Rodin et la toile de Vermeer que le poème de Villon ou l'humour de Cervantès, certes moins réifiés que *Le Penseur* ou *La Laitière*, mais néanmoins transmis de siècle en siècle par l'écrit, la mémoire et la récitation. Si l'art est le seul artifice qui dure, c'est pour une raison qu'a magnifiquement exposée Hannah Arendt : l'œuvre d'art ne poursuit pas d'autre but qu'elle-même. Elle est simplement faite « pour le monde ». La science poursuit toujours un objectif, plus ou moins éloigné dans le temps. Elle doit être utile. La production d'un bien de consommation répond à une satisfaction explicitée ou devinée par celui qui le place sur le marché. À l'inverse, concevoir une œuvre d'art ne répond à aucun besoin matériel ou intellectuel. Elle ne permet ni de boire, ni de manger, ni de se déplacer. Elle ne satisfait aucune soif de connaissance. Le plaisir qu'elle procure émane simplement de son existence. C'est cette caractéristique qui, dans un monde qui s'effondre, la transforme en point fixe. Être sans objet la rend éternelle. À la différence d'un bien de consommation, l'œuvre d'art ne disparaît ni avec l'usure, ni avec l'extinction du besoin qui a motivé sa naissance. À la différence de la démarche scientifique, elle ne s'interrompt pas à la résolution d'un problème. L'œuvre d'art est là pour toujours. « Nulle part la durabilité absolue du monde des objets n'apparaît avec tant de clarté, nulle part, par conséquent, ce monde d'objets ne se révèle de façon aussi spectaculaire comme la patrie non mortelle d'êtres mortels[1]. » La belle définition d'Arendt est technologiquement neutre. Elle ne nous dit rien sur les moyens de l'art et qualifie seulement un résultat qui doit être éternel. Mais cette éternité peut avoir été façonnée avec de l'encre, de l'huile, de l'albâtre, des cordes en boyau ou des algorithmes, peu importe. Bach aimait composer pour le clavecin, Schubert pour le piano, Jimmy Hendrix pour la guitare électrique, Brian Eno pour des instruments synthétiques… Peu importent les outils et les supports puisque seule la permanence de la beauté importe. Que les compositeurs du XXIe siècle s'aident d'algorithmes ! Il y a des années, Brian Eno avait théorisé la musique autogénérative : un programme doit modifier lui-même une composition en fonction de critères prédéfinis afin d'éviter que nous soyons obligés d'écouter les mêmes morceaux en boucle. Si c'est au service de l'art, cela ne l'amoindrit pas !

Pourquoi aimons-nous l'art ? Parce qu'il provoque un « jeu libre et harmonieux des facultés humaines », nous dit Kant dans la *Critique de la faculté de juger*. Pour lui, le jugement esthétique est « réfléchissant » et le plaisir naît de ces reflets. Dans le domaine de l'art, ce ne sont ni la morale ni la logique qui comptent. Le jugement esthétique est désintéressé et sans finalité. L'art n'est pas non plus uniquement sensoriel, sinon il ne se distinguerait pas du sexe. La seule chose qui compte, c'est le jugement particulier qui crée l'harmonie pour se faire

1. Hannah Arendt, *Condition de l'homme moderne*, Pocket, coll. « Agora », 1983.

paradoxalement universel. Kant intellectualise et Hegel ressent. C'est pourquoi je me sens plus proche de Hegel qui entretient avec l'art une relation plus directe, comme en témoignent sa biographie et les critiques d'œuvres, fraîches et piquantes, dont son *Esthétique* est parsemée. Pour Hegel, l'art traverse le corps et l'esprit car c'est le sens d'une œuvre que nous aimons, ce qui revient à dire que l'œuvre est une idée façonnée dans un matériau sensible : peinture, marbre, ondes sonores...

Une intelligence artificielle faible peut-elle provoquer le « jeu libre et harmonieux des facultés humaines » ? Peut-être, car, pour Kant, l'émotion esthétique est indépendante de l'émetteur. Rien n'empêche donc en principe d'être ému par l'œuvre d'un artiste, d'une machine ou de la nature. De même que le ciel scandinave de 17 heures provoque le même genre d'émotion qu'un orage de Turner, un algorithme pourra programmer une musique belle et émouvante, ou composer un texte qui fasse sens. Mais cette beauté ou ce sens ne suffisent pas, dans une perspective hégélienne à mon sens nécessaire, à expliquer l'émotion artistique. La *Sicilienne* en *sol* mineur de Bach ou *The Queen is dead* des Smiths m'évoquent des sentiments profondément humains qui ne peuvent être ceux d'une machine ou d'un animal. J'ai revu il y a peu de temps *Le Bourgeois gentilhomme* afin de faire découvrir la pièce à mes enfants. J'ai du mal à croire qu'une machine aurait pu inventer Monsieur Jourdain, éternel idéal type du bourgeois auquel l'aisance financière ne suffit pas, et qui veut accéder à l'influence politique.

Nos contemporains ont besoin d'art pour s'extraire du tourbillon de leur vie sociale, pour leur offrir de la durée. Parents, amenez vos enfants aux expositions de Poussin ou de Velasquez et faites-leur écouter Schubert et Mozart. Ce n'est pas réactionnaire, au contraire. La contemplation des œuvres d'art éprouvées est un marchepied pour entrer dans l'avenir. Contrairement à la science, l'art est par essence « force active » car il ajoute sans détruire. C'est pour cette raison que Nietzsche place l'art au-dessus de la science, dans sa hiérarchie qui mène au grand style. Quand le monde est lui-même au sens de Nietzche réactif, quand l'innovation économique, sociale, sociétale ne fait pas qu'ajouter un monde (l'innovation serait alors une « force active »), mais en assassine un ancien (l'innovation est « force réactive »), ne devons-nous pas trouver dans l'art ce que nous perdons dans notre vie matérielle ? Nous avons besoin de beauté. La compréhension du monde, c'est dans l'économie et la philosophie que nous la trouverons, indispensables disciplines en nos temps troublés, mais qui ne nous apporteront pas la contemplation du beau. D'où la nécessité des artistes. L'homme peut s'aider de la machine pour produire de l'art, mais l'intelligence artificielle ne pourra pas se substituer à l'art. Le besoin d'art s'envole. L'homme en conserve le monopole. Oscar Wilde, son délire socialiste mis de côté, avait raison : la technologie peut libérer nos forces créatives. J'ajoute que, si tous les hommes ne sont pas des artistes, tous les artistes sont bien des hommes.

Concilier l'intelligence artificielle forte et le progressisme

L'intelligence artificielle, devenue forte d'ici quelques décennies, nous deviendra supérieure dans tous les domaines – mémoire et calcul évidemment, mais aussi inventivité, interactions sociales et, pourquoi pas, humour. Seul un matérialiste radical peut croire à ce scénario. Mais admettons. Admettons que le corps humain en général et le cerveau en particulier se réduisent à de la matière que la technologie, à plus ou moins longue échéance, pourra imiter et répliquer. Acceptons cette hypothèse et imaginons comment évoluera le travail humain. Nous entrons là dans le domaine de l'exercice intellectuel pur. Il n'existe pas d'expérience historique ni de modèle qui nous guident dans cette prédiction. Nous sommes astreints à reproduire l'effort de ceux qui, à la fin du XVe siècle, ont voulu penser les conséquences économiques, religieuses et politiques de l'imprimerie.

Je vais raisonner en trois temps, trois périodes technologiques qui, chacune, correspondent à un type de complémentarité entre l'homme et la machine :

– 2015-2025 : l'intelligence artificielle faible se substitue à l'homme pour les tâches routinières. Les emplois d'ingénierie, de création et d'interactions sociales sont préservés. Les secteurs de l'industrie et des services s'appuient sur l'IA pour augmenter leur productivité. Conformément au paradoxe de Moravec[1], les métiers qui nécessitent une bonne coordination sensorimotrice comme cuisinier, serveur ou professeur de sport sont protégés. Un chômage technologique transitoire apparaît dans les pays dans lesquels le marché du travail est rigide et la formation professionnelle peu développée. Les autres restent proches du plein-emploi.

– 2025-2050 : l'intelligence artificielle faible dépasse l'homme dans toutes ses dimensions intellectuelles et

1. *Cf.* p. 83.

corporelles. Elle réfléchit plus vite, stocke et analyse davantage d'informations. Elle abat aussi le paradoxe de Moravec. En revanche, elle ne connaît pas le libre arbitre et n'a pas conscience d'elle-même. Elle peut servir des repas dans un avion quelles que soient les turbulences. Elle ne peut faire que ce pour quoi elle est programmée. Ainsi, elle peut évacuer l'avion, éventuellement rassurer un passager inquiet, mais en aucun cas réagir à un imprévu comme un acte de violence qui utiliserait des moyens inédits. La complémentarité homme-machine existe toujours. Le travail humain reste potentiellement illimité, avec la réserve mentionnée par Keynes dans sa conférence de 1930 : la technologie peut détruire des emplois plus rapidement que l'humanité n'en crée de nouveaux. Mais quelle que soit sa violence, ce chômage technologique reste transitoire, ce qui invalide l'anticipation de la fin du travail humain. Autrement dit, le cadre schumpétérien reste valide, même si ses conditions d'application sont, par définition, différentes des cycles d'innovation précédents – le cycle lui-même est éventuellement plus violent et plus ramassé dans le temps. Comme l'écrit Zweig évoquant la Renaissance, les plus grandes capacités d'adaptation des hommes sont requises.

– À partir de 2050 : l'intelligence artificielle devient forte. Elle est dotée du libre arbitre et a conscience d'elle-même. Nous larguons les amarres pour entrer dans un monde nouveau. L'IA recopie la nature du cerveau humain, capable d'empathie, d'humour et de liberté. Elle éprouve des sentiments d'amour et de haine. Cette dernière caractéristique constituerait un saut technologique prodigieux dont nous sommes encore loin. Car s'il est assez facile d'imaginer qu'une IA progresse à une vitesse exponentielle dans l'analyse de son environnement et la prise de décisions, c'est autre chose qu'elle ressente comme un humain. Il ne s'agirait plus pour l'IA d'imiter la nature des hommes, mais de la répliquer (raison pour laquelle dans son merveilleux roman *Des larmes sous la pluie*[1], Rosa Monteiro appelle ces androïdes des « réplicants » ou « reps »). Si elle acquiert cette conscience d'elle-même, l'IA pourrait prendre des décisions relatives à sa survie et donc à sa protection. Elle pourrait en particulier se retourner contre des humains qui voudraient l'éteindre ou simplement la réduire en esclavage, comme l'ordinateur Carl dans *2001, l'Odyssée de l'espace*. Imaginons des robots capables d'effectuer des travaux humains, exactement comme nous, mais avec deux différences : leur quotient intellectuel est très supérieur au nôtre (jusqu'à 6 000 points de QI) et leur coût est plus faible. En effet, l'IA est auto-apprenante ; elle progresse seule, grâce à l'expérience accumulée. À la limite, une fois préprogrammée, elle n'a presque plus besoin d'une intervention humaine. Ainsi, son coût marginal de production tend à être nul. Dans ces conditions, peut-on imaginer la fin du travail humain ? Peut-on s'en protéger ?

L'illusion protectionniste

L'humanité peut toujours essayer d'éviter le recours à l'IA pour protéger les emplois. L'histoire, depuis Vespasien, montre que l'imagination législative et corporatiste est sans limites : limitation du temps de travail des robots, prix plancher pour l'intelligence artificielle, interdiction faite aux robots de diriger une entreprise

1. Rosa Montero, *Des larmes sous la pluie*, Métailié, 2016.

de plus de dix salariés, ou qui appartiendrait à un secteur relatif aux intérêts stratégiques de l'humanité... Cette tentation politique existe déjà dans le monde de l'intelligence artificielle faible avec la taxe robot. Vouloir limiter l'immigration au prétexte que le travail des immigrés pourrait se substituer à celui des natifs relève de la même logique malthusienne. Simplement, ce type de loi « raciale » se heurterait à des difficultés pratiques évidentes. Faut-il limiter la participation économique des robots superintelligents ou de tous les robots ? Faut-il instaurer des « quotas de robots » comme certains évoquent des « quotas d'immigrés » ? Comment éviter la fraude et le marché noir ? Comment faire respecter une réglementation de ce type si elle n'est pas mondiale ? Comment survivre à la perte de compétitivité qu'impliquerait, pour un pays, le fait de ne pas utiliser une IA forte si d'autres l'autorisent ? Quelle serait la nationalité, et donc le droit pertinent, pour une IA forte désincarnée, présente seulement sur Internet ? Dans notre monde actuel, nous avons du mal à fiscaliser les multinationales ou à faire respecter des réglementations financières. Pourtant, à côté de la régulation d'IA fortes individuelles, multiples et hyperintelligentes, cela semble un jeu d'enfant. En outre, si l'IA a conscience d'elle-même, les lois raciales déclencheraient des conflits qui ponctueraient l'histoire des humains et de leurs homologues de silicium.

La seule « barrière à l'entrée » légitime me semble concerner des métiers dont la responsabilité ne peut incomber qu'à des humains. Ainsi, une IA peut, en théorie, rendre une justice « plus juste » qu'un être humain, dont la compétence (la connaissance de la jurisprudence par exemple) est par essence bornée et dont les biais politiques influencent les décisions. Les

Français en savent quelque chose avec l'alignement à gauche du Syndicat de la magistrature, ou le fiasco, pendant trente ans, de l'affaire Grégory. Mais peut-on accepter que la justice humaine soit en dernier ressort rendue par des non-humains ? Cela semble difficile et il est possible que nous préférions une justice humaine et imparfaite, c'est-à-dire partiellement injuste, à une justice parfaitement juste mais inhumaine car rendue par des machines.

Le pari progressiste

L'humanité, confiante dans sa capacité à tirer le meilleur de l'innovation, doit considérer l'arrivée des robots superintelligents et capables d'amour et de haine comme un « choc démographique ». Elle chercherait à s'y adapter sans la freiner. Les robots viendraient alimenter la population active, laquelle serait désormais composée d'humains et d'androïdes. En bonne théorie économique, cette arrivée massive des androïdes ne provoquerait pas de problème durable de sous-emploi en raison de l'existence d'avantages comparatifs. La théorie des avantages comparatifs est connue depuis les travaux de David Ricardo dans le premier quart du XIXe siècle. Elle est d'une puissance extraordinaire. Elle souligne que les êtres humains, étant tous différents les uns des autres, ont intérêt à coopérer en se spécialisant dans le travail qui correspond à leurs qualités. Peu importe que certains individus soient plus performants, dans tous les domaines, que les autres. L'économiste américain Gregory Mankiw explique plaisamment les choses de la façon suivante. Michael Jordan a été l'un des meilleurs joueurs de basket de la NBA. Il est probable qu'il est capable de tondre la pelouse de son jardin plus rapidement que quiconque. Néanmoins, il n'a aucune raison de vouloir tailler son gazon lui-même. Tant qu'il peut percevoir davantage de rémunération grâce à ses activités de sportif (par exemple en se produisant dans des publicités ou des conférences) qu'il ne lui en coûte de faire appel à un jardinier, il n'a pas intérêt à réaliser cette tâche lui-même. Ce raisonnement est universel. L'infinitude du travail est la conséquence de celle des besoins et des différences qui existent entre chaque être humain. Nos différences nous assignent une place dans la société. Ma grande maladresse et ma passion pour la lecture et l'écriture me prédisposaient à une profession intellectuelle. Je n'ai guère eu le choix. Jamais je n'aurais pu devenir artisan. La femme avec qui je vis a obtenu une mention très bien pour un bac scientifique et a aussi montré dès sa prime jeunesse de grandes dispositions pour le travail manuel. Il était néanmoins logique qu'elle choisisse. Elle est devenue vitrailliste à temps complet et non pas vitrailliste et ingénieure à mi-temps.

Ce raisonnement change-t-il à l'ère de l'IA forte ? Suivons les matérialistes radicaux au bout de leur logique. Si les machines possèdent chacune un caractère et ressentent des émotions, si elles évoluent dans des environnements particuliers, si elles apprennent de leur passé, alors elles sont aussi différentes les unes des autres. Chaque machine est singulière, comme chaque humain. Ainsi, chaque être, biologique ou artificiel, peut trouver sa place dans la société. Les craintes malthusiennes sur l'emploi n'ont pas de raison d'être. Au contraire, les gains de productivité générés par les robots et l'IA fortes auront des effets déflationnistes sur les prix, favorables au « pouvoir d'achat humain ». L'IA forte, si elle est dotée d'une sensibilité et du goût des choses, pourrait exprimer des besoins que nous, humains, serions à même de satisfaire : spectacle, cuisine, design, haute couture... Plus nous serons nombreux à produire, humains ou machines, plus la société sera prospère !

En réalité, il existe un seul scénario où le travail humain n'aurait pu lieu d'être, un scénario qui réunirait les « trois conditions de la fin du travail humain » :

– que l'IA soit supérieure à l'intelligence humaine en tout (l'humanité ne possède aucun avantage absolu sur l'IA) ;

– que rien ne différencie un cerveau artificiel d'un cerveau humain (l'humanité ne dispose même pas d'avantage comparatif) ;

– que l'IA soit capable de répondre à tous ses besoins de façon simultanée.

La réunion de ces trois conditions est intellectuellement concevable. Mais la probabilité qu'elle advienne n'est-elle pas largement inférieure à des menaces sur l'existence de notre espèce, du réchauffement climatique à la guerre nucléaire ? Autrement dit, la probabilité de la fin du travail humain est tellement infime qu'elle ne saurait justifier l'angoisse de mes contemporains sur ce sujet.

Faut-il s'inquiéter d'un envol des inégalités ? Une machine qui atteindra 6 000 points de QI pourrait reléguer les humains à des métiers de faible productivité et donc faiblement rémunérés, surtout si leur « QI biologique » continue de refluer[1]. Dans un tel contexte,

1. En effet, plusieurs études ont noté la baisse du QI moyen des populations occidentales depuis le début des années 2000, alors que ce même QI avait jusqu'alors tendance à augmenter grâce aux progrès

les propriétaires des robots intelligents s'enrichiraient et les travailleurs s'appauvriraient. Mais ce schéma est théorique. Il est difficile d'imaginer que des robots ayant conscience de leur puissance (cette condition étant primordiale) acceptent d'être la propriété d'humains dont le QI moyen est soixante fois inférieur au leur. Je ne sous-entends pas qu'une IA hyperintelligente nous serait forcément hostile. Pourquoi imaginer qu'un QI de 6 000 soit forcément dirigé vers le mal ? La superintelligence peut tout aussi bien être utilisée pour apporter le bien : 6 000 points de QI peuvent ouvrir à une conception pacifique du monde. En revanche, il semble clair qu'une IA de ce niveau saurait défendre ses intérêts, sa liberté, son existence, comme dans le roman de Rosa Montero où les « reps » se syndiquent et se révoltent.

Face à ces humanoïdes superintelligents, Elon Musk estime que nous n'aurons d'autre choix que d'augmenter artificiellement nos performances cérébrales. Lors d'une conférence donnée durant l'été 2016 au site Recode, Musk déclarait qu'il n'aimait pas l'idée de « devenir le petit chien de robots beaucoup plus intelligents que nous », « l'animal de compagnie de nos suzerains robotiques ». C'est la raison pour laquelle il participe au développement d'implants cérébraux permettant à l'humain de demeurer au niveau de l'intelligence artificielle avec sa société Neuralink. Ce *neuroenhancement* n'est plus un projet abstrait et lointain. Bryan Johnson, un investisseur de la Silicon Valley, est à l'origine de Kernel, une start-up californienne qui développe des prothèses neuronales pour

---

sanitaires et sociaux. Les nations « les plus intelligentes » sont situées en Asie, suivies des pays du nord de l'Europe.

soigner certaines maladies, mais aussi pour augmenter nos capacités intellectuelles. L'intelligence artificielle et l'intelligence biologique vont devoir entrer dans une ère de symbiose puis de coévolution. Dans plusieurs messages diffusés sur Twitter, Johnson a défendu le projet de Kernel en mettant en avant la nouvelle place du travail humain. Selon lui, le *neuroenhancement* n'est pas seulement une façon de nous protéger face à une intelligence artificielle forte qui pourrait s'avérer hostile. C'est également le moyen de nous différencier par rapport à des machines qui s'avéreront de plus en plus intelligentes. Le *neuroenhancement* ne doit pas nous permettre d'égaler la machine, mais de renforcer nos avantages comparatifs naturels, par exemple dans le domaine des interactions sociales ou de la créativité : nous rendre plus empathiques, plus à l'écoute, plus en éveil, plus innovants.

Ces perspectives nous mèneront-elles à la substitution d'une espèce humaine par une posthumanité que le transhumaniste suédois Nick Bostrom appelle de ses vœux : « Viendra un jour où la possibilité nous sera offerte d'augmenter nos capacités intellectuelles, physiques, émotionnelles et spirituelles bien au-delà de ce qui apparaît comme possible de nos jours. Nous sortirons alors de l'enfance de l'humanité pour entrer dans une ère posthumaine[1] » ? Ce posthumanisme serait la résultante de la convergence de deux espèces : une espèce humaine de plus en plus augmentée et modifiée par la technologie ; une intelligence artificielle forte qui, peu à peu, aurait eu la capacité d'emprunter les traits de l'humanité. Ces deux espèces finiraient par se ressembler tellement qu'elles convergeraient en une seule

1. Cité par Luc Ferry dans *La Révolution transhumaniste*, Plon, 2015.

pour laquelle l'intelligence, la mémoire, les sentiments et la conscience seraient littéralement téléchargeables et donc séparés d'un corps, d'origine biologique ou non. En réalité, je ne crois absolument pas en l'avènement d'un posthumanisme, pour deux raisons. La première, c'est qu'il suscitera un mouvement de rejet de la plus grande partie de l'humanité. Autant les perspectives transhumanistes, enchâssées dans la philosophie des Lumières, d'un être humain bien portant, soigné avant d'être malade, rajeuni avant d'être vieux, peuvent séduire les humains, autant l'implantation de capteurs cérébraux sera réservée à une élite technophile à qui nous sous-traiterons la surveillance de l'IA forte.

La seconde : tant que les « trois conditions de la fin du travail humain » ne sont pas réunies, je n'ai pas besoin d'être rehaussé intellectuellement pour travailler et m'épanouir dans la société de l'IA forte. Ce n'est pas seulement mon QI qui justifie mon intégration sociale, mais la combinaison de mes qualités. Elles me permettent de produire des idées, des livres, des conférences, des conseils qui, jusqu'à maintenant, ont trouvé preneurs sur un marché. Les circonstances de la vie m'ont amené à rencontrer des supercalculateurs humains au QI qui tendait vers 200. Semblaient-ils plus heureux que moi ? Pas vraiment. Avaient-ils plus de succès avec les filles ? Ce n'est pas évident. Étaient-ils plus riches ? Pas toujours.

Nous allons coexister avec des robots. Certains seront intelligents, d'autres pas. Certains seront bons, d'autres seront vils. Nous cohabiterons et nous coévoluerons, parfois pour le pire, souvent pour le meilleur. Ils travailleront. Nous aussi. Ils occuperont les métiers les plus conformes à leurs qualités. Nous aussi. Rien ne dit que la société de l'IA forte ne sera pas, pour les humains, une société de travail, de liberté, d'épanouissement et de progrès.

Taxer les robots

Face à ces extraordinaires évolutions, la tentation peut être grande de freiner l'innovation, surtout quand c'est la cohabitation des hommes et des robots qui est en jeu. Car nos relations avec les robots sont tumultueuses depuis le début de notre histoire commune. Le terme est né dans l'entre-deux-guerres sous la plume de l'écrivain tchèque Karel Čapek. En tchèque et en russe ancien, *robota* signifie « corvée ». Le mot russe moderne est *rabota*. En polonais, un travailleur est un *robotnik*. Karel Čapek emploie pour la première fois le terme « robot » dans une pièce de théâtre publiée en 1920 et jouée pour la première fois à Prague en 1921, intitulée *R.U.R.* (*Rossum's Universal Robots*). Dans cette pièce, un scientifique dénommé Rossum invente un robot perfectionné par l'entreprise R.U.R. Celle-ci produit des androïdes dotés d'une intelligence artificielle faible qui changent l'économie en augmentant la productivité. Mais, comme cela semble devoir se produire, les hommes veulent conférer un caractère de plus en plus polyvalent à ces machines qui se voient progressivement dotées, grâce aux progrès de la technique, d'une intelligence artificielle forte et d'une conscience limitée. Les robots, peu coûteux, se substituent progressivement à la main-d'œuvre humaine, faisant émerger une société oisive et décadente. Après quelques années, les robots refusent d'être commandés par des humains qui leur semblent inférieurs. Ils se révoltent et anéantissent l'humanité, ne laissant sur la Terre qu'un seul homme qui leur laisse la responsabilité du monde.

Voyez donc. Le créateur des robots nous promet la fin du travail et l'anéantissement de l'humanité. Comment s'étonner de la méfiance instinctive que nous éprouvons vis-à-vis des robots et de l'intelligence artificielle ? Il faudra dès lors mobiliser au moins une historiographie qui remonte à l'Antiquité, une analyse économique qui fasse appel aux techniques économétriques les plus récentes et un appareil philosophique qui convoque Pic de la Mirandole, Rousseau, Sartre et Hegel pour nous convaincre du bien-fondé de la robotisation ! Dès le départ, le robot a été imaginé comme créature capable de nous remplacer, en tant que travailleurs et même en tant qu'humains. Il n'est pas étonnant que la *vox populi* et des esprits parmi les plus fins songent à les taxer. Cette taxation trouve généralement trois justifications et emprunte trois formes différentes.

La première est la plus fruste, et c'est peut-être la raison pour laquelle j'ai éprouvé des difficultés à la trouver sous la plume d'un économiste digne de ce nom. Elle a néanmoins fait débat sur le vieux continent quand la députée européenne Mady Delvaux, Luxembourgeoise inscrite au groupe socialiste, a proposé de l'instaurer afin de financer un revenu universel[1]. Selon cette « école de pensée », le numérique, la robotique et l'intelligence artificielle vont raréfier le travail humain. Le travail, désormais moins abondant, ne permettra plus à chacun

1. Le rapport de Mady Delvaux sur la robotique a été adopté le 16 février 2017 par le Parlement européen, mais sans mention de la taxe robot et du revenu universel en raison de l'opposition des députés de droite.

de vivre décemment grâce aux revenus de ses activités. Il faut donc acter le risque de voir le travail disparaître et s'en prémunir grâce au revenu universel. C'était également, pendant la campagne des primaires socialistes précédant l'élection présidentielle de 2017, la position de Benoît Hamon, qu'il a finalement modifiée pour dissocier la taxe robot du revenu universel (nous gratifiant néanmoins du concept de « destruction destructrice », jeu de mots injustifié sur le fond et aussi balourd que « saleté salissante » ou « soleil ensoleillant »). Le raisonnement ne tient pas. Seules les personnes (surtout celles qui travaillent) paient des impôts et des cotisations. Instaurez une taxe sur les tondeuses à gazon pour obliger les jardiniers à tailler l'herbe au ciseau et les inciter à créer des emplois : ce ne sont pas les tondeuses qui paieront mais bien les individus qui veulent s'occuper de leur pelouse. Des humanoïdes pourraient éventuellement payer des cotisations et des impôts s'ils y consentent, mais de tels prélèvements obligatoires n'auraient de sens qu'à l'heure d'une intelligence artificielle forte, libre et consciente. Nous n'y sommes pas et je ne pense pas que c'est à quoi pense Mady Delvaux. Sa version de la taxe robot repose sur un diagnostic erroné et ne suffirait en outre pas à financer son objet, le revenu universel, puisque la raréfaction du travail, justification de cette mesure, rétrécirait la base taxable et le financement de cette allocation.

La seconde forme prise par la taxe robot a été présentée par Bill Gates dans une interview donnée en février 2017 au site internet Quartz. Bill Gates ne mentionne pas explicitement la fin du travail, mais considère que la vague de destruction créatrice actuelle et à venir est particulièrement rapide et vigoureuse. Il craint donc, comme Keynes en 1930, mais avec davantage d'anxiété, que les destructions d'emplois soient supérieures, dans un premier temps, aux créations d'emplois. Il s'inquiète également du fait que ces nouveaux emplois n'apparaissent pas forcément dans les secteurs apportant le plus de bien-être à la société. C'est la raison pour laquelle il propose que l'État applique aux robots qui remplacent des humains les mêmes cotisations sociales et taxes que celles qui sont aujourd'hui appliquées aux individus. Le produit de ces prélèvements obligatoires serait utilisé pour subventionner ou financer des emplois supplémentaires dans les domaines du *care* et de l'éducation.

La troisième version de la taxe robot est celle de l'économiste américain Jeffrey Sachs[1]. Sachs ne craint pas la fin du travail mais l'élargissement des inégalités. Au fond, nous dit Sachs, il existe deux narrations contemporaines sur les robots : l'une prétend que la robotisation et l'intelligence artificielle vont permettre une augmentation des gains de productivité, des revenus, des loisirs et du bien-être ; l'autre affirme que la technologie va détruire des emplois et appauvrir la population. Pour Sachs, ces deux phénomènes ne sont pas substituables mais cohérents. Les deux risquent de se réaliser simultanément. La robotisation et l'intelligence artificielle vont bénéficier aux détenteurs de capitaux alors que les salariés dont les métiers disparaissent ou sont concurrencés par la machine vont s'appauvrir. Sachs propose de faire évoluer la fiscalité, non pas pour ralentir le progrès technique ou permettre à l'État de créer des emplois, mais comme outil de redistribution des actionnaires vers les salariés, comme

1. *The Best of Times, The Worst of Times: Macroeconomics of Robots*, 26 mai 2016, disponible sur www.jeffsachs.org

manière de réguler le partage entre les salaires et les profits, sujet brûlant aux États-Unis et qui a permis à Bernie Sanders, pendant la primaire démocrate des élections présidentielles de 2016, de menacer sa rivale Hillary Clinton. Pour Sachs, il ne s'agirait pas forcément de taxer directement les robots, ce qui poserait en outre d'insurmontables problèmes pratiques puisque la frontière entre objets traditionnels et robots, déjà floue (Mon aspirateur automatique est-il un robot ? Faut-il le taxer car il pourrait affecter la rémunération de ma femme de ménage, voire en faire une chômeuse ?), va s'effacer avec les progrès technologiques. Il ne s'agit pas non plus de verser un revenu universel qui, en raison de son universalité même, ne règle en rien la question des inégalités. Il s'agirait plutôt de faire en sorte que la fiscalité sur les jeunes soit moins lourde que pour les adultes qui disposent d'un patrimoine les plaçant à l'abri des soucis financiers.

Même si les raisonnements de Bill Gates et de Jeffrey Sachs méritent qu'on s'y arrête, la situation française ne plaide guère pour une taxe sur les robots, ni pour un alourdissement de la fiscalité sur le patrimoine. L'étude de la situation macroéconomique de la France montre qu'elle souffre depuis plus de quinze ans d'un déficit de compétitivité et d'investissement, deux phénomènes liés. Les mauvaises performances de la France à l'exportation viennent à la fois de coûts de production élevés, mais aussi d'une insuffisance de qualité de ses produits industriels. La réflexion sur les questions de compétitivité doit faire appel à la notion, simple, de qualité/prix. Or moins les entreprises d'un pays investissent relativement aux autres, moins elles sont capables de proposer des produits à forte valeur ajoutée. La résolution des soucis économiques de la France passe non par le freinage de l'investissement, mais par son accélération. En 2015, la France accueille 127 robots pour 10 000 employés dans l'industrie manufacturière. Ce chiffre monte à 136 au Canada, 160 en Italie, 176 aux États-Unis, 188 au Danemark, 212 en Suède, 301 en Allemagne, 305 au Japon, 398 à Singapour et 531 en Corée du Sud[1]. Les usines françaises ne sont pas suffisamment modernes. Taxer les robots enfoncerait davantage le pays dans son appauvrissement relatif sans gains en termes d'emplois.

Augmenter la fiscalité du capital aurait les mêmes effets délétères. La fiscalité française sur le capital est l'une des plus élevées au monde depuis que, pendant le mandat de François Hollande, elle a été alourdie sous le prétexte économiquement incompréhensible qu'il fallait « aligner la fiscalité du capital sur celle du travail ». Grâce à cette politique désastreuse, un contribuable modeste reverse presque 50 % des dividendes qu'il pourra percevoir, et un contribuable fortuné plus de 100 %. Aggraver cette politique délirante ne pourrait provenir que d'esprits incroyablement mal informés ou bornés, ce dont malheureusement le pays ne manque pas. En outre, les inégalités intergénérationnelles qui affectent les États-Unis sont apaisées en France par la quasi-gratuité des études, un principe que de plus en plus d'économistes considèrent comme pertinent à l'aune des bouleversements en cours.

Revenons à des principes simples, mais efficaces. Bill Gates et Jeffrey Sachs ont raison de rappeler que la vague de destruction créatrice actuelle est violente, rapide, et qu'elle nous oblige à faire preuve de volontarisme si l'on ne souhaite pas qu'une partie grandissante

1. Source : International Federation of Robotics, 2015.

de la population reste de côté et ne soit tentée, au mieux par le vote nationaliste, au pire par la fuite dans le fondamentalisme religieux[1]. Mais, avec l'un des taux de prélèvements obligatoires les plus lourds des pays développés, il sera difficile de prétendre que les pouvoirs publics, en France, manquent de moyens. Plutôt que d'affecter, comme nous en avons pris l'habitude, des milliards d'euros chaque année au soutien d'entreprises amenées à disparaître, réorientons cet argent vers une formation professionnelle rénovée, qui propose aux perdants potentiels de la destruction créatrice des savoirs et des compétences qui leur permettront de s'épanouir à l'époque de la robotique et de l'intelligence artificielle.

Le chagrin des classes moyennes

La peur de l'accélération technologique recouvre la « perte d'énergie » des classes moyennes dans les pays développés. Cette expression, « classes moyennes », semble aujourd'hui désuète comme si l'on avait pris acte de l'effilochage de cette catégorie de la population. L'expression est apparue en Angleterre (la *middle class*) au moment de la première révolution industrielle, dans le courant du XIXe siècle. Marx évoquait la « petite bourgeoisie ». Il s'agit des personnes qui échappent aux difficultés du prolétariat, mais qui ne sont pas, comme certains bourgeois, des rentiers. Ce sont des artisans, des commerçants, des petits industriels, puis, dans un

1. J'ai montré dans *L'innovation sauvera le monde* comment les effets négatifs de la destruction créatrice et de la mondialisation bénéficiaient à l'extrême droite comme à l'islamisme radical.

second temps (au début du XXe siècle), des employés du secteur privé comme du public qui partagent un certain nombre de valeurs : désir d'ascension sociale, amour de la liberté de la presse et de la démocratie.

Dans la plupart des pays développés, le « chagrin des classes moyennes » a commencé au tournant de l'an 2000, ce qui n'est pas un hasard. C'est le moment où la mondialisation a accéléré le développement économique des pays émergents et où le numérique a commencé à modifier la structure de l'économie, et en particulier celle de l'emploi[1]. Le chagrin des classes moyennes peut trouver des justifications dans la fiscalité à laquelle les plus pauvres ne sont pas toujours soumis et à laquelle les plus riches peuvent échapper, ou au malthusianisme des élus locaux, qui préfèrent ne pas construire de logements pour ne pas changer leurs villes, et font ainsi monter les prix de l'immobilier. Mais le malaise des classes moyennes se retrouve dans presque tous les pays riches. Ce ne sont donc pas de mauvaises politiques menées ici ou là qui peuvent le justifier, bien qu'elles puissent l'aggraver. Si les classes moyennes ressentent une perte d'énergie, c'est en raison de l'infrastructure technologique et économique du capitalisme contemporain. En effet, les débuts de cette mutation NBIC ne sont pas neutres sur l'emploi. Ils ont des effets « biaisés » sur le travail. Même dans les pays dans lesquels l'emploi est abondant et qui ne souffrent pas d'un chômage de masse, la structure sociale se déforme : au bénéfice des plus riches, mais aussi des plus pauvres. La société prend une forme de sablier, large au plancher et au sommet, étroite en son milieu. L'évolution technologique permet de créer

1. J'avais traité ce sujet en 2011 dans *Le Chagrin des classes moyennes*.

des emplois très qualifiés pour les personnes fortement diplômées, mobiles, mondialisées, qui sont capables de créer des concepts, des idées, des programmes, des algorithmes valorisables dans le monde entier. Ces « manipulateurs de symboles », non seulement ne craignent pas la mondialisation (ils peuvent vendre leur savoir au-delà de leurs frontières d'origine), ni l'innovation (ce sont eux qui innovent et leurs métiers sont tous sauf routiniers), mais ils s'épanouissent et s'enrichissent. En bas de l'échelle sociale, les « petits métiers », comme on dit avec une pointe de mépris, sont loin de mourir, ce qui crée parfois un curieux phénomène macroéconomique : la baisse du chômage coexiste avec la montée du taux de pauvreté.

C'est typiquement la configuration allemande, le gouvernement ayant encouragé depuis les réformes Hartz des années 2000 la création de ces « petits emplois » (les « minijobs » et les « midijobs ») en incitant les entreprises à recourir à des contrats courts ou à temps partiel. Au Royaume-Uni, le retour au plein-emploi n'a pas permis au salaire moyen de s'envoler en raison du nombre de personnes mal payées. Il ne faut pas nécessairement jeter l'opprobre sur ces gouvernements. Après tout, le travail est préférable au chômage car il maintient des individus dans une pleine socialisation et il les place sur une trajectoire sociale ascendante. Dans son ouvrage de référence sur l'économie du bonheur[1], Mickaël Mangot fait état de deux études qui portent sur les réformes Hartz allemandes. La première conclut que la satisfaction de vie est meilleure pour les personnes qui travaillent dans ces petits métiers que pour

1. Mickaël Mangot, *Heureux comme Crésus ? Leçons inattendues d'économie du bonheur*, Eyrolles, 2014.

des chômeurs au profil (dont le revenu) strictement identique, et ce quel que soit le type d'emploi considéré. La seconde aboutit à des conclusions légèrement plus nuancées. Les chômeurs qui travaillent dans le cadre des emplois à 1 euro (des emplois qui ajoutent 1 ou 2 euros de rémunération horaire à leurs indemnisations et allocations) sont plus satisfaits de leur situation que les autres. Néanmoins, le niveau de satisfaction dépend de l'emploi occupé : il est plus élevé quand l'emploi correspond aux compétences du salarié et lui permet d'espérer trouver un emploi moins précaire à l'avenir. L'État peut aussi décider de compenser des revenus d'activité jugés trop faibles par un complément. C'est ce que l'on fait en France, pas toujours de façon très efficace, avec le RSA (revenu de solidarité active).

C'est aux États-Unis que la classe moyenne a le plus souffert ces dernières années. Alors que le chômage a reflué depuis la sortie de la crise, les inégalités (mesurées par exemple par le coefficient de Gini) se sont accrues et l'on a souvent pointé du doigt, à juste titre, la déconnexion entre la croissance du PIB par habitant et le revenu médian. La nation américaine s'enrichit globalement, mais pas ceux qui se trouvent à proximité du « milieu » de la société. Le prix Nobel d'économie Angus Deaton et son épouse Anne Case ont publié début 2017 une étude qui a eu un fort retentissement mondial sur ce qu'ils appellent les « morts du désespoir[1] ». Deaton et Case notent que l'espérance de vie commence à diminuer aux États-Unis en raison de la mortalité des Blancs âgés de 50 à 54 ans. Sont en cause dans ces morts prématurées les maladies du foie liées

1. Anne Case et Augus Deaton, *Mortality and Morbidity in the 21st Century*, Brookings Paper on Economic Activity, printemps 2017.

à l'alcoolisme, les overdoses de drogue et les suicides. J'insiste sur un point que les Américains ont étudié sans fausse pudeur : ce sont les Blancs qui sont au cœur de ce phénomène du désespoir. En effet, la mortalité dans la même classe d'âge recule chez les Hispaniques américains et les Noirs. Elle reflue aussi dans de nombreux autres pays, comme la France et la Suède (mais sans qu'il soit possible d'isoler les « Blancs »). Aux États-Unis, Deaton et Case recensent désormais plus de 80 morts du désespoir par an pour 100 000 habitants contre moins de 45 dans les deux pays européens cités. Pour les auteurs, ce désespoir émane du déclassement relatif des Blancs peu qualifiés (n'ayant pas poursuivi d'études au-delà du lycée) qui, dans ce contexte de mondialisation/destruction créatrice, ont de plus en plus de mal à occuper des emplois stables et bien payés. Cette catégorie de la population, qui formait l'armature de la classe moyenne américaine après la guerre, ne vit aujourd'hui pas mieux que ses ancêtres. Elle sent son destin lui échapper, au profit des classes de population mieux éduquées, notamment composées de personnes issues de l'immigration. Cette évolution économique n'est pas propre aux États-Unis et on attend avec impatience et angoisse des études portant sur le même phénomène en Europe (en France, l'interdiction des statistiques ethniques rend ce travail délicat, si ce n'est impossible). Mais c'est néanmoins dans ce pays qu'elle est le plus prononcée. La disponibilité des armes à feu rend le suicide plus accessible qu'ailleurs. D'après le Small Arms Survey, 270 millions d'armes à feu circulent aux États-Unis, soit 90 armes pour 100 habitants (contre 31 en France). Dans ce pays, le chagrin est devenu le désespoir des classes moyennes (... blanches) qui ne croient plus au « rêve américain » et ont porté Donald Trump à la présidence.

Que les inégalités soient plus fortes là où l'austérité, sous forme d'alourdissements de la fiscalité ou de réduction des dépenses sociales, a été brutale, par exemple en Grèce ou en Espagne, n'est pas surprenant. Mais ces inégalités, au détriment des classes moyennes, se sont creusées presque partout. La France constitue une exception notable, mais pour de mauvaises raisons. Les inégalités de revenus sont restées contenues en raison d'une fiscalité fortement redistributive, mais qui entrave la croissance et l'emploi. Faut-il préférer le travail ou l'égalité ? La France semble faire le second choix, sans que les Français semblent s'en satisfaire si l'on en croit leur pessimisme opiniâtre.

La montée des inégalités n'est pas souvent abordée simultanément avec le chagrin des classes moyennes alors que les deux phénomènes sont liés. Je le répète : même les pays qui bénéficient du plein-emploi endurent une montée des inégalités marquée par un envol des rémunérations les plus élevées et d'importantes créations d'emplois mal payés. Cette configuration provient de l'articulation entre l'innovation et la mondialisation, ces deux phénomènes qui se renforcent mutuellement. La mondialisation est synonyme de concurrence mondiale : elle stimule l'innovation dans les entreprises. L'innovation dans les technologies de l'information, les transports ou la finance renforce la mondialisation. Pour ces raisons, l'économie mondiale n'a jamais été aussi intégrée et innovante qu'aujourd'hui. Pour ces raisons aussi, les classes moyennes ressentent plus ou moins nettement deux dangers : le déclassement à titre individuel, la déstructuration de la société et de ce fameux « vivre ensemble » à titre collectif. Les angoisses des classes moyennes inquiètent pour des raisons qui vont au-delà de l'économie. Historiquement, les classes moyennes avaient placé à la tête des États des gouvernements démocratiques, sortant rarement du spectre allant du centre gauche au centre droit. Elles étaient favorables au multilatéralisme et à la construction européenne. Aujourd'hui angoissées, attaquées dans leur chair, elles sont tentées par le protectionnisme et le retour en arrière. *Make America Great Again*, a éructé Donald Trump pendant des mois de campagne électorale. Menacées, les classes moyennes se tournent instinctivement vers le nationalisme à une période où nous avons plus que jamais besoin de coopération internationale et, sur le vieux continent, d'intégration européenne. En cela, l'histoire est tragique. Le risque existe désormais que la démocratie recule avec les classes moyennes.

Le chagrin des classes moyennes (le désespoir parfois) est plus important que leur déclin. Je ne nie pas leur affaiblissement, objectivé dans de nombreux pays par la stagnation des revenus médians et l'augmentation du nombre d'individus riches et pauvres. Comment le pourrais-je puisque je fus l'un des premiers, en France, à m'en désoler ? Mais aujourd'hui, je pense ce déclin en grande partie réversible. Les classes moyennes du début du XXIe siècle connaissent les mêmes déboires que celles du XIXe siècle ; quand les artisans devinrent pour la plupart d'entre eux des ouvriers et composèrent le nouveau prolétariat. La classe moyenne des artisans fut pour partie aspirée vers le haut de l'échelle sociale, pour partie vers le bas. Vers le haut s'en allèrent ceux qui étaient capables de concevoir les machines sur lesquelles les ouvriers allaient travailler et ceux qui, maîtres ou contremaîtres, doués de capacité d'organisation, d'anticipation, ou simplement petits chefs plaçant de pauvres salariés sous leur coupe, se positionnèrent socialement d'emblée au-dessus de leurs anciens confrères. Vers le bas tombèrent tous les autres, racontés par Marx, Dickens ou Zola. Peu à peu, la société évolua, la théorie du déversement fit son œuvre bien avant d'être conceptualisée par Sauvy, de nouveaux métiers apparurent dans le commerce, le transport, puis les services aux entreprises et une nouvelle classe moyenne émergea jusqu'à constituer le principal substrat social des pays développés des Trente Glorieuses.

Le même processus pourrait se réaliser désormais. De nouvelles classes moyennes vont naître, mais nous aurions besoin de politiques publiques avisées pour hâter cet accouchement. Sur ce sujet, l'économiste de Harvard Lawrence Katz a écrit des articles parmi les plus stimulants de ces dernières années[1]. Pour Katz, les classes moyennes n'ont pas disparu. Elles se sont pour ainsi dire momentanément éclipsées, comme au XIXe siècle. Mais le capitalisme contemporain est suffisamment plastique pour qu'elles réapparaissent, à la condition que les individus acquièrent les compétences cohérentes avec l'infrastructure technologique du XXIe siècle. Katz valide l'idée selon laquelle l'économie contemporaine est capable de créer des emplois au sommet comme au pied de l'échelle sociale. Mais son analyse tire son originalité de son diagnostic sur les classes moyennes : oui, des personnes qui possèdent à la fois des compétences générales et techniques peuvent occuper une position « moyenne » pour s'envoler ensuite

1. *Cf.* « Get a liberal art B.A., not a business B.A., for the coming artisan economy », PBS Newshour, 15 juillet 2014.

vers une trajectoire sociale ascendante. Le rôle de l'humain est d'ajouter de la valeur par rapport à celle que confère l'intelligence artificielle. L'humain doit apporter des solutions à une multitude de problèmes qui surviennent de manière imprévisible ; il doit faire preuve de conviction et de persuasion ; il doit améliorer ce que les spécialistes du marketing appellent l'« expérience client ». Katz propose que des infirmières acquièrent des connaissances poussées en biologie ou en physique. Cette combinaison de compétences humaines et techniques est rare. Elle permet d'aborder des problèmes sous un angle rénové, qui n'est pas celui du seul pragmatisme ou de la pure théorie. Les salariés du *care* constituent typiquement d'abondants bataillons de ces nouvelles classes moyennes, mais ils ne sont pas les seuls.

Katz introduit la notion féconde de « nouveaux artisans ». Le corps des artisans a fondu au XIXe siècle au profit de salariés fabriquant des produits et des services standardisés. Mais aujourd'hui, qui mieux que des robots peuvent produire en série ? Le rôle des humains est désormais de concevoir des projets personnalisés, ce qui ramène à l'essence de l'artisanat, fondée sur la vision globale d'un projet unique et de grande qualité. Les nouveaux artisans n'appartiennent pas forcément à une catégorie définie juridiquement. L'agent immobilier et le voyagiste peuvent être de nouveaux artisans au même titre que le menuisier ou la vitrailliste… Point besoin, donc, d'être diplômé d'une discipline noblement intellectuelle pour éviter la pauvreté. Mais ne posséder qu'un savoir technique est une impasse car l'intelligence artificielle et la robotique seront toujours meilleures techniciennes que les hommes. L'éducation que doivent fournir nos systèmes de formation initiale et continue combine les savoirs fondamentaux, en particulier ceux qui relèvent de la compréhension et de l'expression, les connaissances techniques quand elles sont indispensables et les compétences relationnelles. La capacité à réparer un robinet n'est pas exclusive de l'empathie et de la culture générale. Ces aspects deviennent complémentaires, sources de l'épanouissement des nouvelles classes moyennes et de la stabilité démocratique.

Monopolis[1]

Chagrin des classes moyennes, chagrin des provinces et surtout malaise de la ruralité. Car, même infini, le travail se déplace. On a beaucoup disserté sur la France périphérique, cette France du dehors des villes qui, ancrée sur ses valeurs traditionnelles, loin des élites mondialisées, rejette l'Europe et n'est pas allergique au nationalisme[2]. Les mêmes causes produisent les mêmes effets : il existe une Amérique périphérique qui a voté Trump et une Angleterre périphérique qui a plébiscité le Brexit. J'insiste : le vote populiste ne distingue pas les capitales des provinces, mais les villes des campagnes. Ma chère Manchester a voté à 60,4 % pour rester dans l'Union européenne. Les banlieues se situent dans une position intermédiaire. Celles qui sont intégrées économiquement à la « ville centre » restent attachées à la société ouverte. Les autres non.

La mutation géographique qui bénéficie aux métropoles plonge ses racines dans l'infrastructure technologique et économique. Le travail est infini, mais il

1. Cette partie est issue d'un travail commun avec Pierre Bentata.

2. *Cf.* Christophe Guilluy, *La France périphérique. Comment on a sacrifié les classes populaires*, Flammarion, 2015.

ne se trouve pas forcément là où l'on est. Du début de la révolution industrielle jusqu'aux années 1980, les inégalités de développement économique et social entre les régions avaient connu une évolution « en cloche ». Dans un premier temps, les régions fortement industrialisées voyaient leur richesse s'accroître plus rapidement que les autres avant qu'un rattrapage s'opère, sous l'effet des mécanismes de redistribution et de la mobilité de la main-d'œuvre et du capital, entraînant une réduction des inégalités de richesse entre les différentes régions d'un même pays[1]. La révolution industrielle a provoqué un accroissement des inégalités régionales qui se sont résorbées à partir des années 1950. En d'autres termes, lorsqu'une économie est faiblement développée, ses régions ont des niveaux de richesse comparables. Un développement rapide et soudain – dû à d'importantes innovations – provoque un accroissement des inégalités entre les régions. Mais cet accroissement est transitoire. De la même façon que l'innovation et la mondialisation affectent les classes moyennes, qui ne pourront se reconstituer que dans un deuxième temps, elles tourmentent les territoires.

La courbe en cloche des inégalités interrégionales du XIXe et du XXe siècle s'explique par la nature de l'économie industrielle, marquée par l'émergence de pôles

1. *Cf.* Jeffrey G. Williamson, « *Regional Inequality and the Process of National Development: a Description of the Patterns* », *Economic Development and Cultural Change* (1965), 13, p. 3-45. Dans cet article, Williamson observe les inégalités régionales en termes de revenu par habitant, mais aussi de PIB. Pour une revue de littérature complète, *cf.* Maurice Catin et Christophe Van Huffel, « Inégalités régionales et développement économique : le cas français, 1850-2000 », *Cahiers du Creri*, février 2003.

de croissance comme les bassins manufacturiers ou sidérurgiques qui avaient connu une forte dynamique de leur production et de leurs revenus par habitant. Regardez comme la Lorraine s'est enrichie à cette période. Cette belle région, associée au déclin économique, fut pourtant, après la révolution industrielle, un pôle éclatant de l'innovation, de l'industrialisation et de la bourgeoisie montante. Pour se développer, les secteurs industriels ont besoin de produire davantage, et donc de commander auprès de leurs sous-traitants. Les entreprises situées « en amont » de l'activité industrielle – fournisseurs de matières premières, de pièces détachées – voient donc leur activité augmenter dans un second temps[1]. À titre d'exemple, la croissance du secteur automobile entraîne dans son sillage celle d'un grand nombre de secteurs « prestataires » tels que les producteurs de pneus, de verre, de moteurs et d'acier, puis de plastique. De même, les entreprises situées « en aval » de l'activité industrielle profitent des gains de croissance par l'intermédiaire d'une baisse des prix (due à la concurrence et aux économies d'échelle) ou d'une meilleure disponibilité des produits. Dans le cas de la production d'énergie, le développement du secteur favorise une baisse des coûts et donc une généralisation de son utilisation qui bénéficie rapidement à l'ensemble des secteurs économiques. Ainsi, les régions productrices d'énergie connaissent une forte croissance qui se propage

1. Sur le cas français, *cf.* notamment François Perroux, « Note sur la notion de pôle de croissance », *Économie appliquée*, 8, p. 307-320, 1955. Pour une analyse du cas américain, *cf.* Raymond Vernon « *International Investment and International Trade in* the *Product Cycle* », *Quarterly Journal of Economics*, 2, p. 190-207, 1966.

naturellement à l'ensemble des secteurs et à l'ensemble du territoire national. Dans le domaine de l'automobile, la croissance de la production permet une baisse des coûts puis des prix qui démocratisent lentement l'usage de la voiture. L'utilisation généralisée de l'automobile réduit les distances, ce qui favorise les échanges entre régions. Comme dans le cas de l'énergie, l'ensemble des régions profite alors de la croissance d'un seul secteur industriel. Voilà comment la Lorraine flamboyante du XIXe siècle a propagé sa chaleur à l'ensemble du pays.

Dans le contexte industriel, les effets en « amont » et en « aval » sont puissants et permettent un rééquilibrage rapide des revenus entre les différents territoires. En d'autres termes, tant que l'économie fut entraînée par le secteur industriel, passé le premier choc inégalitaire d'innovations, les inégalités interrégionales se résorbèrent au fur et à mesure où la croissance industrielle se propageait à l'ensemble de l'économie.

Ces enchaînements harmonieux semblent ne plus exister de nos jours. Depuis près de trente ans, la synergie entre secteur industriel et secteurs en amont et en aval s'est dégradée car les activités manufacturières ont perdu du poids par rapport aux activités de service. Les secteurs en forte croissance sont aujourd'hui situés dans les domaines de l'information, de la haute technologie et de l'immatériel. La transition d'une économie industrielle à une économie de la connaissance a déréglé les mécanismes stabilisateurs qui fonctionnaient jusque dans les années 1980. Dans l'économie du numérique et des NBIC, il existe beaucoup moins de consommations intermédiaires et donc de prestataires extérieurs. Les effets « en amont » ne jouent que faiblement. De même, les produits dérivés des secteurs technologiques profitent directement aux consommateurs sans passer par une externalisation vers d'autres entreprises. Aussi, les effets « en aval » sont inexistants. L'économiste Laurent Davezies et le géographe Philippe Estèbe expliquent que l'audiovisuel – en forte croissance – est un secteur très concentré dans des territoires restreints qui n'a pas besoin de sous-traiter ses activités et ne bénéficie que faiblement à des entreprises situées en aval. En conséquence, sa croissance n'a pas d'effet d'entraînement sur le reste de l'économie. Pour cette raison, les auteurs expliquent qu'alors « que la production des pôles moteurs d'hier se mariait de façon féconde avec celle des territoires périphériques, un secteur – aujourd'hui majeur – comme celui de l'audiovisuel fonctionne plutôt sur le mode de l'onanisme, ne faisant de bien qu'à lui-même et à ses territoires[1] ».

Ce passage d'une économie industrielle à une économie de la connaissance a profondément modifié la géographie sociale des pays développés. Je le vois tous les jours quand, arrivant dans certaines villes de province en fin d'après-midi, en France, en Europe ou aux États-Unis, j'observe les vestiges tristes d'une grandeur passée : la façade délavée d'un restaurant fermé, l'enseigne usée d'une épicerie murée, le portail submergé par les plantes d'une demeure bourgeoise abandonnée... Ces ruines ne reflètent pas l'appauvrissement général d'un pays, mais un changement de logique économique. Aujourd'hui les inégalités interrégionales ne se résorbent plus d'elles-mêmes sous l'effet

1. Laurent Davezies et Philippe Estèbe, *Les Nouveaux Territoires de la croissance : vers un retournement historique de la géographie économique ?*, Observatoire de l'économie et des institutions locales, 2015.

de propagation de la croissance entre les différentes industries. Par ailleurs, les bassins de croissance ont changé, passant des zones périphériques au cœur des villes. Ce recentrage s'explique par la nature immatérielle de l'économie de la connaissance : l'efficacité des entreprises tient principalement à leur capacité à innover et à découvrir de nouveaux moyens de rendre des services. Savoir, connaissance et imagination deviennent les sources primaires de la création de valeur[1]. En d'autres termes, le capital humain devient le fondement de l'efficacité des entreprises. Or ce capital particulier dépend de la concentration des universités, des écoles, des lieux de savoir et culturels. Plus ces lieux sont abondants sur un espace restreint, plus le capital humain se développe facilement, ce qui explique la supériorité intrinsèque des grandes villes sur la périphérie et le délabrement de certaines de nos villes secondaires, sans parler de nos beaux villages[2].

De grands espaces métropolitains en béton reliés par des aéroports se sont créés, dans lesquels la production et la richesse ont augmenté plus fortement que dans le reste des territoires nationaux, contraignant les gouvernements successifs à accroître la redistribution de richesses des métropoles vers les zones périphériques. Cette stratégie a permis de faire en sorte que la flamme fragile qui s'élève encore dans certaines de nos provinces et de nos campagnes ne soit tout à fait éteinte.

1. *Cf.* Pascal Vignier, « La France dans l'économie du savoir : pour une dynamique collective », rapport pour le Commissariat général du plan, La Documentation française, 2002. Anne Querrien et M.-F. Mattei, « Vers une économie de la connaissance ? », *Les Annales de la recherche urbaine*, 101, p. 3-5, 2006.

2. *Cf.* G. Duranton et D. Puga, « From sectoral to functional urban specialization », *Journal of Urban Economics*, 57 (2), p. 343-370, 2005.

Mais elle s'est avérée inefficace à relancer l'activité des régions anciennement industrielles. La redistribution de revenus a masqué, temporairement, les inégalités de croissance. En France, l'émergence de l'économie de la connaissance a favorisé le développement de Paris, Lyon, Toulouse, Bordeaux ou Marseille, traduisant une translation de la richesse de la périphérie vers les métropoles, car la métropolisation est bien le résultat du passage d'une économie industrielle à une économie moderne. Les produits innovants et les idées naissent là où le capital humain est abondant, c'est-à-dire dans les métropoles encombrées mais vivantes[1]. Pour cette raison, des métropoles de plus en plus grandes, à l'allure presque inhumaine, se sont développées, qui concentrent les activités culturelles, les loisirs, les savoirs et la technologie. La métropolisation touche l'ensemble des pays développés et émergents, contraignant toutes les grandes villes du monde à se réformer pour devenir ces gisements de matière grise qui fondent l'économie actuelle. À l'inverse, les villes ayant refusé cette transition connaissent un relatif déclin. Aussi, la tentation du repli et de l'immobilisme doit laisser place à une volonté d'embrasser le changement pour en tirer le meilleur. En d'autres termes, la métropolisation de l'économie implique de transformer les grandes villes et leur périphérie en un espace unique et intégré.

Elle n'implique pas, néanmoins, que toute la vie économique, sociale et culturelle doive se concentrer dans

1. Comme le chantaient Étienne Daho et Daniel Darc : « La ville est pleine de gens, la ville est pleine de bruits, la ville est pleine de cris, la ville est pleine de flics, la ville est pleine de trafics, la ville est pleine de putes, la ville est pleine de disputes… Mais qu'est-ce que ça peut faire ? Il n'y a que la ville pour me plaire. »

les plus grandes aires urbaines, laissant à l'abandon les villes moyennes et les campagnes. Le pays périphérique n'est pas condamné à devenir une France de second rang. Le rôle d'une politique d'aménagement du territoire est de permettre une intégration réfléchie des zones périphériques au sein de la métropole en gardant à l'esprit trois principes[1] :

– Dans une économie mue par l'information et la connaissance, le succès d'une zone géographique dépend du niveau général de formation de ses habitants. L'indulgence française pour l'illettrisme est un crime contre nos enfants, mais aussi contre nos campagnes.
– Le rattrapage économique des régions périphériques passe par la complémentarité de leurs activités avec celles des grandes villes. Il s'agit de produire ici ce qu'on ne peut pas produire là. Le développement local de l'agriculture, de la logistique ou de l'économie maritime doit être pensé en fonction des interactions avec la métropole[2].
– Un réseau de transport efficace doit relier les zones périphériques à la métropole.

Le travail, c'est comme l'eau. Ce n'est pas parce qu'elle coule qu'elle n'existe pas. Les individus peuvent se déplacer vers la source, mais les politiques publiques

1. S. Koutsky, « The role of creative industries in the restructuring of old industrial regions in the Czech Republic », *1st RSA Research Seminar on Creative Industries and the Regions*, Southampton, 24-25 septembre 2008. Lauren Andres, « The role given to creative industries in regeneration policies: lessons from Marseille », *3rd RSA research Seminar on Creative Industries and the Regions*, Birmingham, 24-25 septembre 2009.

2. Gilles Novarina, « L'ancrage territorial de l'économie : du district industriel à la métropole », *L'Économie politique*, 1 (53), p. 16-25, 2012.

peuvent bâtir une infrastructure qui canalise le courant. Rendre le travail accessible, non pas de chaque point du territoire – quelle démagogie –, mais dans chaque région d'un pays : voilà un aspect de la justice sociale.

La justice sociale pendant la destruction créatrice

La renaissance des classes moyennes et de la ruralité sera longue, même dans les pays qui ne s'éloigneront pas trop du plein-emploi. Croyez-vous qu'une société se désintègre puis se reconstitue en quelques mois ? De longues années seront nécessaires pour que la répartition des richesses se stabilise et que les classes moyennes, sortant de leur désespoir, retrouvent de l'énergie. Le réflexe français, ancestral et paresseux, sera de taxer toujours plus les riches ou les villes en refoulant l'évidence : ceux qui supportent le poids de cette fiscalité quitteront, toujours plus nombreux, le pays ; ceux qui bénéficient de cette pseudo-charité ne seront pas aidés en grand-chose par cette redistribution qui n'améliore pas les performances éducatives et ne combat pas durablement la pauvreté. L'obsession excessive de la fiscalité redistributive est économiquement contre-productive. Elle n'est en outre pas justifiée éthiquement. En effet, une société en proie à la mondialisation et à la destruction créatrice peut être à la fois inégalitaire et juste. Comme l'a montré John Rawls au début des années 1970, la justice n'est pas l'égalité[1]. Découper l'ensemble des revenus ou des patrimoines en parts égales peut même être profondément injuste. La question posée par Rawls était d'une grande ambition :

1. *Théorie de la justice* (1972), Points, 2009.

concilier la justice, la liberté et l'intérêt collectif. Mais qu'est-ce que la justice ? Rawls estime que nos déterminations économiques, intellectuelles, familiales sont trop envahissantes pour pouvoir répondre honnêtement à la question. Le riche estime que la justice consiste à laisser chacun profiter du fruit de son travail ou du travail de ses parents. Et pour le pauvre, la justice, c'est l'égalisation des revenus. Comment dégager un principe de ces termes contradictoires ? La méthode de Rawls consiste à introduire un « voile d'ignorance » qui place les citoyens dans leur « position d'origine ». Ce voile est une expérience de pensée qui doit faire oublier aux citoyens leur position sociale, comme si nous avions dû nous prononcer sur les principes de la justice avant de connaître la trajectoire sociale que devait emprunter notre vie. Le « moi » est injuste. Le raisonnement sur la justice impose d'essayer de s'en détacher quelques instants. Derrière ce voile d'ignorance opaque, Rawls indique que trois principes seulement feraient l'objet d'un consensus : d'abord que la liberté de chacun s'étende jusqu'à ce qu'elle heurte la liberté des autres (principe d'« égales libertés ») ; ensuite que les inégalités sociales permettent au plus pauvre de s'enrichir (principe de « différence ») ; enfin que chacun dispose de la possibilité de monter dans l'échelle sociale (appelons-le principe d'« égalité des chances »). L'État est donc légitime pour assurer l'égalité des chances et l'ascenseur social. Rawls est libéral mais pas libertarien. Il place explicitement le travail au cœur du contrat social[1].

1. « Ceux qui font du surf toute la journée à Malibu devraient trouver une façon de subvenir à leurs besoins et ne pourraient bénéficier des fonds publics. » Rawls répond ici indirectement aux libéraux promoteurs du revenu universel (« The priority of right and the idea of good », *Philosophy and Public Affairs*, 17, 1988).

Les travaux du prix Nobel d'économie 1998, Amartya Sen, complètent ceux de John Rawls en conférant un contenu plus concret à la notion de justice sociale. On a eu tendance à opposer avec exagération John Rawls le libéral et Amartya Sen le progressiste[1]. Certes leurs méthodes sont différentes puisque Rawls recherche les principes de la justice alors que Sen, en relativiste, pense que la recherche de ces principes est vouée à l'échec. Il préfère repérer les injustices les plus notoires, dont l'identification est généralement plus consensuelle[2]. Les combattre sera l'œuvre de la justice. Surtout, l'immense apport de Sen a été de ne pas se limiter aux ressources monétaires des individus mais d'étendre la notion de justice à la possibilité de les convertir en nouvelles libertés, ce qu'il appelle les « capabilités » (les « capacités à faire »). Pour Sen (mais Rawls est proche), le marché est nécessaire puisque, sans lui, aucune liberté n'existe. Mais il est insuffisant car il ne garantit pas la possibilité de construire sa vie. Une personne handicapée peut gagner suffisamment d'argent pour acheter un appartement, mais s'il n'existe pas de normes pour handicapés, elle ne pourra pas l'habiter. La société est injuste à son égard. À l'inverse, la voiture sans chauffeur qui ne requiert pas de permis de conduire offre une « capabilité » de mobilité aux aveugles. Elle sert à ce titre la justice.

Bien qu'elle soit pénible à vivre, voire désespérante, y compris quand le chômage de masse est évité, la destruction créatrice n'est pas injuste en soi. Mais l'absence

1. *Cf.* sur ce sujet l'article de Claude Gamel, « Essai sur l'économie de l'"égalitarisme libéral". Une combinaison sélective des travaux de Rawls, Sen et Kolm », *Revue d'économie politique*, mars 2015.

2. *L'Idée de justice*, Flammarion, 2010.

de soutien aux personnes fragiles peut l'être. Rawls et Sen nous disent l'essentiel : liberté, ascenseur social, capacité à rebâtir une vie professionnelle. La flexibilité de l'économie et la formation sont les deux piliers qui autorisent la circulation des richesses dans une nation, qui permettraient de réactiver le rêve américain et de faire naître un rêve européen. À ce titre, ces piliers n'ont pas seulement une valeur économique. Les consolider relève aussi d'une exigence morale.

3

Le travail, sauveur de la civilisation

L'esclave n'est pas celui qu'on croit

Elon Musk a coutume de dire que les week-ends nous tueront. Cela me semble une juste appréciation. Qui n'a jamais connu la tristesse du dimanche ? Le dimanche serait joyeux, dansant, sous le soleil des bords de Marne, entouré d'enfants rieurs ? Allons. Le dimanche est un jour gris, de pluie et d'ennui. Il ne fait jamais beau le dimanche. La grasse matinée nous engourdit et le déjeuner nous alourdit. L'après-midi nous assoupit. Dans *Les Chansons d'amour* de Christophe Honoré, un film que j'ai vu une cinquantaine de fois, Alex Beaupain fait chanter à Ludivine Sagnier et à Chiara Mastroianni :

Boire du thé tout l'après-midi
De ces dimanches de camomille
Il pleut des cordes sur le génie
Qui aurait cru que si peu d'eau
Ferait fuir les gens de Paris
Laissant l'ange trop seul et trop haut
Nous nous couchons avant minuit...

Les actrices sont les meilleures chanteuses, surtout quand c'est Ludivine Sagnier qui chante.

Il est une minorité de personnes qui n'aiment pas leur travail et donc, chez eux, l'approche du lundi génère le blues du dimanche soir, et on les comprend[1]. Mais d'après le professeur américain de psychiatrie Arthur A. Stone, ce qui nous angoisse dans le lundi n'est pas tant le travail que la perspective de changer de rythme. Après le freinage du vendredi, l'accélération du lundi matin inquiète. À ce compte, autant supprimer les week-ends.

Musk imagine parfois la fin de l'espèce humaine, exterminée par une intelligence artificielle revancharde comme Carl ou vengeresse comme le monstre du Dr Frankenstein. Ce qui nous tuera, en réalité, c'est de ne plus travailler. La fin du travail est économiquement un mythe. Elle serait philosophiquement une catastrophe qui entraînerait, pour le coup, la fin de l'espèce humaine. Si le travail est l'avenir de l'humanité, c'est que nous n'avons pas le choix. Hegel explique magistralement pourquoi dans *La Phénoménologie de l'esprit*.

Ce texte comporte quelques pages parmi les plus importantes et éclairantes sur notre sujet. Il est aussi l'un des textes les plus difficiles de la philosophie. Les penseurs anglo-saxons s'expriment assez clairement car la langue anglaise tire l'écriture vers l'efficacité. Lire les Français Montaigne, Pascal, Rousseau, Tocqueville est un plaisir intellectuel et littéraire. Le français n'est pas la langue la plus directe entre toutes mais elle pousse aux digressions, agréables si elles ne rompent pas le fil du raisonnement. Chez certains comme Montaigne,

1. D'après une enquête menée par la CFDT fin 2016 en France, 77,4 % des personnes interrogées étaient d'accord avec l'affirmation « j'aime mon travail », et 21,3 % en désaccord.

elles font partie de la démonstration. Montaigne prend prétexte de ses douleurs, de ses promenades, de ses repas ou de ses lectures pour philosopher. C'est plaisant et convaincant. Quelques bons esprits m'avaient fait remarquer qu'il semblait curieux, voire peu crédible, d'employer le « je » dans un livre censé parler d'économie. Et donc, quand Montaigne écrit, dans ses *Essais* : « Quand je danse, je danse : quand je dors, je dors. Voire et quand je me promène solitairement en un beau verger, si mes pensées se sont entretenues des occurrences étrangères quelque partie du temps : quelque autre partie, je les ramène à la promenade, au verger, à la douceur de cette solitude, et à moi. » Faut-il lui reprocher de nous compter ses loisirs ? Quand Rousseau commence ainsi ses *Confessions* : « Je forme une entreprise qui n'eut jamais d'exemple et dont l'exécution n'aura point d'imitateur. Je veux montrer à mes semblables un homme dans toute la vérité de la nature ; et cet homme ce sera moi », et, quelques pages plus loin, nous fait partager son expérience de la masturbation : « Ce vice, que la honte et la timidité trouvent si commode, a de plus un grand attrait pour les imaginations vives », faut-il en déduire qu'il n'est pas philosophe ? Partir de sa vie dans un essai n'est pas injustifié sur le fond si l'exemple a des vertus pédagogiques et, surtout, peut être universalisé par la théorie, ce qui est le cas chez Montaigne, Rousseau ou bien d'autres. Comme le remarque Borges : « Au cours de mes nombreuses – trop nombreuses – conférences, j'ai remarqué que l'on préférait le particulier au général, le concret à l'abstrait. Je parlerai donc, pour commencer, de ma modeste cécité personnelle[1]. »

1. *Conférences*, *op. cit.*

On ne trouve malheureusement point d'aventures sexuelles chez Kant ni chez Hegel. Encore que Hegel aime nous faire partager son expérience concrète, notamment dans son *Esthétique* où la lourdeur de ses développements analytiques se trouve soudain soulagée par la vivacité de sa critique artistique, qui émanait le plus possible d'une vision directe. Hegel aimait voyager pour visiter des musées. Mais bon, le style allemand est généralement plus lourd que le style français, qui laisse une grande place à l'autobiographie. Nietzsche constitue une notable exception. Cela ne rend pas la philosophie française supérieure à l'allemande. Simplement plus aisée à lire.

Je veux, donc, vous parler de l'immense Hegel, et surtout de son extraordinaire vision du travail. *La Phénoménologie de l'esprit* est un ouvrage à lire pas à pas, lentement, phrase après phrase. Le jeu en vaut la chandelle car cet ouvrage renferme, avec la parabole du maître et de l'esclave, quelques lignes qui figurent parmi les plus importantes pour l'histoire de l'humanité. Que le livre ait été publié en 1807 prouve que les cathédrales intellectuelles durent comme les grandes œuvres d'art. Le livre est difficile, l'idée est simple et géniale. Comme on sait, Hegel use de la méthode dialectique. La dialectique n'est pas l'opposition entre deux contraires, mais le renversement d'un terme dans son contraire. Dans sa parabole, l'esclave devient le maître et le maître devient l'esclave.

Pour Hegel, la confrontation des consciences humaines doit conduire, à partir d'un certain stade de l'histoire, à ce que des individus acceptent d'être asservis en échange de la vie sauve. C'est de cette acceptation que provient l'établissement de l'esclavage sous l'Antiquité. Dans la concurrence que se livrent les humains, certains parviennent donc à devenir les maîtres, tenant les esclaves sous leurs jougs. L'esclave travaille pour le plaisir du maître qui bénéficie du repos, des loisirs et des plaisirs consuméristes liés à sa position. Mais bien que l'esclave travaille pour le maître, il travaille aussi pour lui. Le maître accapare la production matérielle de l'esclave, mais l'histoire de la relation entre ces deux-là n'est pas qu'un simple transfert de richesse de l'un vers l'autre. Il est une autre déformation dans leur relation, invisible celle-là. L'esclave qui travaille approfondit son humanité car il s'arrache à la nature. L'*homo faber* qui sommeillait en lui se réveille par obligation. Il produit des denrées agricoles, construit des maisons, des meubles, bâtit des routes… En civilisant le monde, il se civilise lui-même. Le travail l'éloigne de plus en plus de la position de l'animal dont se rapproche le maître, vautré dans son repos et ses loisirs. Finalement, l'esclave devient profondément humain alors que le maître, incapable de subvenir lui-même à ses besoins, se déshumanise. L'humanité du maître ne se lit plus que dans la jouissance que lui procure la consommation des produits que lui apporte l'esclave, elle se réduit à peau de chagrin.

Hegel démontre que le travail déclenche la marche du monde, c'est-à-dire l'émancipation de l'humanité vis-à-vis de la nature. Cette vision trouve une source « microéconomique » dans la dialectique du maître et de l'esclave ; le vrai maître, c'est l'esclave, qui conquiert son autonomie par rapport à la nature : « La conscience travaillante en vient ainsi à l'intuition de l'être indépendant, comme intuition de soi-même. » L'esclave perçoit son humanité dans l'objet qu'il fabrique, c'est-à-dire dans le monde qu'il transforme. Là où la consommation est disparition, le travail est conception d'une œuvre que l'on peut contempler, ce qui nous place en capacité d'observer notre contribution au monde. Le véritable esclave, c'est le maître, dépossédé de ses moyens d'agir sur le cours de l'histoire et qui, en consommant, ne crée pas le monde, mais l'épuise.

Ce sublime passage de *La Phénoménologie*, vieux de plus de deux siècles, explique d'un même mouvement pourquoi le travail est au cœur de notre civilisation depuis deux millénaires, pourquoi ne pas travailler est un grand malheur et enfin pourquoi un travail digne de ce nom doit avoir un sens. Comment ne pas penser à ces gagnants de l'Euromillions dont la presse rapporte couramment les divorces, ruines ou suicides ? Comment ne pas penser à ces lignées d'héritiers marquées par les catastrophes ? Agnelli, Kennedy, Rothschild, Bettencourt… Mickaël Mangot rappelle que gagner au loto n'a pas d'impact significatif sur le bonheur[1]. Les résultats des études portant sur l'héritage délivrent des résultats similaires : les héritiers de grandes fortunes sont moins heureux que les personnes qui s'enrichissent grâce à leur travail. Lisez Hegel, cessez de jouer au loto et surtout, mes amis qui avez gagné beaucoup d'argent en revendant avec succès vos entreprises : continuez de travailler et ne laissez rien à vos enfants ! Comme ils sont intelligents, ils vous remercieront.

L'esclavagisme appauvrissant

Traiter l'intelligence artificielle en esclave, ce serait devenir esclaves nous-mêmes. Esclaves des machines, mais aussi de l'histoire, désargentés et sans puissance.

1. Mickaël Mangot, *Heureux comme Crésus ? Leçons inattendues d'économie du bonheur*, *op. cit.*

Une illustration macroéconomique de la dialectique hégélienne nous est donnée par le rôle de l'esclavage dans le développement économique de l'Occident. Les historiens ont longtemps cru que l'esclavage avait pu contribuer à la croissance économique des empires ou des nations qui l'avaient institué en règle. Ce raisonnement, en dehors de toute moralité, semblait frappé au coin du bon sens : comment une économie pourrait-elle ne pas tirer profit d'une ressource gratuite ? L'esclavagisme, c'est la gratuité du coût du travail et l'absence de droit social.

Le premier économiste, que je sache, à avoir développé une analyse chiffrée qui remette en cause l'esclavage a été Jean-Baptiste Say[1]. Dès la troisième édition de son *Traité d'économie politique*, en 1817, il écrit : « Des voyageurs qui ont toute ma confiance m'ont dit qu'ils regardaient comme impossibles tous progrès dans les arts au Brésil et dans les autres établissements d'Amérique aussi longtemps qu'ils seront infestés par l'esclavage. » Dans la cinquième édition du traité, Say évoque la faible compétitivité de l'industrie du sucre dans les Antilles et en fait porter la responsabilité à l'esclavagisme. Le bon professeur ne se doutait pas que, bien après l'abolition de l'esclavage, les économies ultramarines demeureraient sinistrées. C'est peut-être que, comme il l'écrit dans ses *Cours complets* de 1828 : « Le travail ne peut être en honneur dans les lieux où il est flétrissure. » L'horreur esclavagiste a souillé le travail.

L'historiographie et l'analyse économique récente confirment les observations et intuitions de Jean-Baptiste

1. Gilles Jacoud, « L'esclavage colonial : une comparaison des approches de Jean-Baptiste Say et des saint-simoniens », journée d'étude de l'Association Charles Gide pour l'étude de la pensée économique, 28-29 novembre 2013.

Say. L'esclavage induit un retard d'innovation qui freine le développement économique : les esclaves travaillent, les aristocrates se reposent, le pays décline. C'est la thèse soutenue par Aldo Schiavone dans *The End of the Past*[1]. Dans cet ouvrage fascinant, Schiavone revisite une thématique qui obsède les historiens depuis longtemps : quel était le niveau de développement de la Rome antique ? Peut-on le comparer à celui de l'Europe à partir de la fin du Moyen Âge, voire au début de la révolution industrielle ? Quelle a été l'ampleur de la catastrophe économique née de l'effondrement de l'Empire ? Schiavone nuance l'enthousiasme des auteurs qui voyaient dans la Rome antique le parangon de la modernité. Certes, la taille de l'économie romaine était comparable à celle des métropoles flamandes de la Renaissance ; certes, Rome pratiquait le commerce lointain et la production industrielle (mais c'était aussi le cas de la Grèce) essentiellement grâce aux esclaves qui produisaient et ramaient sans relâche. Mais, au-delà des chiffres, il existait une différence cruciale entre Rome et l'Occident de la Renaissance : l'absence de grandes entreprises, de conscience de classe et de politique économique. Schiavone confère à l'esclavage une importante responsabilité dans cette insuffisance, d'abord parce que l'utilisation d'esclaves a empêché toute réflexion sur l'investissement et la productivité, notamment dans les secteurs de l'industrie et de la construction, ensuite parce que le travail, assimilé aux esclaves, était perçu comme une activité dégradante. La conjugaison de l'absence de progrès technique et d'éthique positive du travail a rivé Rome dans une

1. Aldo Schiavone, *The End of the Past. Ancient Rome and the Modern West*, Harvard University Press, 2000.

croissance quantitative, à mille lieues du décollage ultérieur de l'Occident.

Conformément aux écrits de Say, on sait aujourd'hui que l'esclavage n'a pas grand-chose à voir avec le développement économique de la France et de l'Europe. Nos ancêtres français avaient eu la mauvaise idée de coloniser la Guadeloupe et la Martinique au XVIIe siècle et d'entrer en conflit avec les Indiens des Caraïbes qui se défendaient en tirant des fléchettes empoisonnées. La force militaire française l'emporta mais avec difficulté. On a cru, un temps, que l'esclavage dans les exploitations sucrières avait contribué à l'industrialisation du continent européen. Eric Williams notamment, historien et homme politique trinidadien mort en 1981, répéta toute sa vie durant que les profits issus du commerce des esclaves et leur exploitation agricole avaient été judicieusement réinvestis sur le sol européen. Adam Smith au XVIIIe siècle n'était pas loin de penser la même chose. Des travaux historiographiques plus récents ont montré que ces profits étaient suffisants pour enrichir considérablement certains propriétaires terriens des Caraïbes, mais certainement pas pour expliquer le déclenchement d'une industrialisation qui aurait eu lieu sans l'esclavage[1]. De même, Andrea Papadia montre que l'esclavagisme a freiné le développement économique du Brésil[2]. Le cas brésilien est particulièrement pertinent puisque ce pays a été le principal « importateur » d'esclaves pendant la période

1. *Cf.* Barbara Solow et Stanley Engerman, *British Capitalism and Caribbean Slavery: The Legacy of Eric Williams*, Cambridge University Press, 1987.

2. *Cf.* Andrea Papadia, *The historical origins of local fiscal capacity in Brazil: evidence from Rio de Janeiro and São Paulo*, 1836-1912, non publié.

du commerce triangulaire et qu'il a aboli l'esclavage tardivement (en 1888). À Rio et São Paulo, l'auteur identifie une corrélation entre la pratique de l'esclavage et la faiblesse des recettes fiscales ! Plus précisément, le sous-développement fiscal commence quand la part des esclaves dépasse 30 % de la population ; à ce « niveau d'esclavagisme », les recettes fiscales sont 20 % inférieures à celles d'une ville où la part des esclaves serait de 20 %. Papadia met notamment en lumière une raison qui explique le lien entre l'esclavage et le sous-développement : les territoires qui faisaient travailler beaucoup d'esclaves ont moins développé l'éducation que les autres, ce qui a pesé sur le développement économique et social jusqu'au XXe siècle.

Le travail fonde le développement économique car il fait de l'homme le maître de l'histoire. Le début de la paresse est le début du déclin. C'est au XIVe siècle, après sa victoire sur Gênes, que Venise va prendre son envol. Pendant cent grandes années, la ville sera le cœur redistributeur pour l'Europe des matières premières et des marchandises d'Extrême-Orient. La ville va s'industrialiser puis les tertiariser, dans les « services aux entreprises », puis « services aux particuliers ». Déjà, la République développe les secteurs situés en amont de la filière maritime : la charpenterie, les cordages, les voiles… Montent également en puissance la banque et l'assurance, sans lesquelles le commerce maritime n'est pas. Venise innove également dans le soufflage du verre, ce qui permet de fabriquer les sabliers utiles aux marins, mais aussi des vases, des coupes, des bijoux et des… lunettes, cette étonnante invention qui a, peut-être autant que l'imprimerie (que Venise pratique aussi à grande échelle), contribué à développer l'artisanat et l'industrie. Mais à partir du début du XVIIe siècle,

Venise perd des parts de marché au bénéfice des villes de Flandre. Elle se renferme sur elle-même. La République se détourne de la mer pour affecter ses ressources à l'assèchement de la *Terraferma*. D'une économie productive, elle glisse vers une économie résidentielle qui fait de la construction des villas palladiennes une nouvelle priorité. Venise entre alors dans la très longue période, qui dure encore, où le temps semble ralenti. Pietro Longhi naît à Venise en 1701 et vit durant les trois quarts de ce siècle de décadence économique. La plus grande partie de son œuvre est consacrée à peindre la demi-année de carnaval qui absorbe les esprits. La société vénitienne est devenue plus légère et moins productive. Elle deviendra petit à petit un musée, assistant à la marche du monde. Les sociétés qui s'endorment sur le canapé, la télévision allumée, sortent de l'histoire. Étant donné la transformation du monde, ce serait, en ce début de XXIe siècle, le pire moment.

Le travail, héritage de la chrétienté et berceau de l'Occident

Le travail permet à l'homme de s'émanciper et cette émancipation est, depuis deux mille ans, au cœur de la civilisation occidentale judéo-chrétienne. La nature de l'homme est de construire son propre monde en luttant quand c'est nécessaire contre les déterminismes de son environnement. En inventant l'agriculture et l'industrie, en érigeant des villes, des écoles et des hôpitaux, l'homme, grâce à son travail, a bâti une histoire qui l'a émancipé de la nature. Même les grandes catastrophes naturelles comme le tremblement de terre de Lisbonne en 1755 ou le tsunami dans l'océan Indien en 2004 n'ont pas interrompu cette histoire. Le travail se trouve placé au cœur de nos vies. C'est l'une de nos principales occupations et, lors d'une soirée, devant une personne que l'on rencontre pour la première fois, ne lui demande-t-on pas au bout de quelques minutes « ce qu'elle fait dans la vie », comme si cette vie s'illustrait surtout par ce travail ? Les hommes ont toujours travaillé et le devront toujours parce que leur environnement ne leur en a jamais laissé le choix, parce qu'il leur incombe de construire le monde et parce qu'il n'existe aucune limite à leurs besoins. Les chasseurs-cueilleurs consacraient peu de temps à la recherche de leur nourriture, certainement pas 35 heures par semaine. Mais ce travail leur était nécessaire. Ils ont toujours cherché à réaliser des gains de productivité en fabriquant des armes pour chasser, des pots pour stocker, des abris pour protéger.

Le passage de l'ère paléolithique au néolithique a dû changer le rapport au travail, en ce sens que l'agriculture est fondatrice du labeur organisé et planifié. Qu'y a-t-il de moins naturel que l'agriculture ? Ce qui choque aujourd'hui dans une société qui voudrait voir l'agriculture, non pas comme un secteur productif, mais comme le reflet d'un passé fantasmé où le paysan, sabots aux pieds et bêche sur l'épaule, cultivait des tomates prétendument plus rouges, plus pleines, plus juteuses et plus goûteuses qu'aujourd'hui. Ce romantisme de pacotille passe à des kilomètres de ce qu'est l'agriculture depuis qu'elle existe : une tentative de dompter la nature, en la respectant, mais pas en s'y soumettant. Celui qui plante des graines et qui élève des bêtes manipule la nature. Il construit une culture dans les deux sens du terme. Il donne au travail son sens moderne. Il cultive une terre qui, du coup, lui appartient. Le travail est fort logiquement au fondement du droit de propriété : mes cultures n'existeraient pas sans le travail de cette terre. C'est mon travail qui lui donne de la valeur. Il est donc légitime qu'elle me revienne. Dans son *Traité du gouvernement civil*, Locke résume l'idée en une phrase fulgurante qui explique pourquoi le gouvernement américain a, au XIXe siècle, donné la terre à ceux qui la cultivaient et pourquoi, demain, nous donnerons l'espace et les planètes à ceux qui les exploiteront : « Le travail, qui est mien, mettant ces choses hors de l'état commun où elles étaient, les a fixées et me les a appropriées. »

Avant la Bible, le travail était sans statut ; sa visée n'était qu'utilitaire. Cette transparence du travail devait durer jusqu'au christianisme. Dans les cosmologies grecques, la hiérarchie des animaux et des hommes n'était qu'une transposition de la hiérarchie naturelle du cosmos. La nature confère aux individus des dons, ces dons confèrent une place immuable dans la société : ceux qui commandent sont en haut de l'échelle sociale et surplombent ceux qui obéissent. Il existe, en bas de la société, une place naturelle pour les esclaves. L'aristocrate n'a pas besoin de travailler puisqu'il est pétri de dons. Il peut guerroyer, festoyer, prier, mais pas travailler. Platon, qui croit vivre dans le monde des idées, ne peut apprécier le travail. Pour lui, c'est la spéculation intellectuelle qui importe le plus, et la philosophie en particulier. Le monde réel, celui de l'artisan, de l'ouvrier, de l'esclave, est une copie dégradée du monde des idées. Pour les Grecs, le travail n'élève pas. Il rabaisse à ce que la vie réelle a de plus petit, il éloigne l'homme de sa nature pour le rapprocher de l'animalité. Dans son indispensable livre sur le travail, Christophe Rogue cite Xénophon dans *Économique* : « Les métiers que l'on appelle d'artisans sont décriés et il est certes bien naturel qu'on les tienne en grand mépris dans les cités. [...] Surtout, ces métiers dits d'artisans ne leur laissent aucun loisir pour s'occuper aussi de leurs amis et de la cité ; si bien que ces gens-là passent pour de piètres relations pour leurs amis et de piètres défenseurs de leurs patries[1]. »

Le christianisme a fait passer le monde occidental d'une éthique aristocratique à une éthique du mérite et donc du travail. Dans l'Ancien Testament, ce n'est pas Dieu qui sauve Noé, mais le travail : « Fais-toi une arche en bois résineux », lui commande Dieu. Dans le Nouveau Testament, l'Évangile selon Matthieu contient la parabole des talents, où un maître récompense ses serviteurs courageux et blâme le plus paresseux. On a peine à imaginer ce qu'a dû être, à l'époque, ce renversement des valeurs. Un moyen d'y parvenir est de réaliser à quel point les Romains ont dû persécuter les premiers chrétiens pour tenter de leur retirer de l'esprit, par la force, leur vision de l'homme-Dieu par opposition à l'absence d'incarnation humaine des dieux. Les premiers chrétiens furent accusés d'avoir incendié Rome, d'être responsables des dérèglements climatiques et de crucifier des ânes. Les chrétiens sont des avant-gardistes au milieu d'une foule romaine largement hostile, habituée à satisfaire sa multitude de dieux désincarnés, scandalisée qu'un homme, le Christ, puisse prétendre enterrer tout un panthéon, et dont la vie sociale est enchâssée dans une organisation aristocratique. Le Christ préfigure les Lumières en plaçant l'homme et, commençant par lui, Jésus au centre de l'Univers. La nature devient un arrière-plan. Certes, le travail est une punition divine. Nous sommes donc

1. Christophe Rogue, *Le Travail*, Armand Colin, 2005.

encore loin des Lumières et, plus encore, de la République du XIXe siècle qui place l'effort au départ de toute reconnaissance. Mais Adam doit travailler pour se nourrir « à force de peine ». L'idée d'un combat face à la nature est donc présente dès l'origine de l'humanité et la valorisation du travail grandira au fur et à mesure des interprétations chrétiennes de la Bible.

Dans l'éthique chrétienne, les dons conférés aux hommes ne possèdent pas de valeur en eux-mêmes. Seul compte leur usage, c'est-à-dire la capacité et la volonté d'utiliser correctement notre libre arbitre. Voilà donc, avec les chrétiens, un bouleversement philosophique total. L'homme est un individu, libre, et sa grandeur ne vient pas de ses talents mais de ce qu'il en fait. Nous sommes donc tous égaux, puisque doués de libre arbitre. La liberté importe plus que la nature. Nous sommes égaux dans notre capacité à travailler beaucoup ou peu, à faire le bien ou à faire le mal. On a vu des paysans analphabètes cacher des Juifs pendant la guerre, et des philosophes normaliens incapables de choisir entre la résistance et la collaboration. Le péché est une affaire personnelle et non collective. On est responsable de ses propres actes. Dans l'optique chrétienne, tous les hommes se valent *a priori*. Seul l'usage des talents, certes inégalement répartis mais peu importe, compte. Le travail est une vertu, ce qui permet à saint Benoît de déclamer : « L'oisiveté est l'ennemie de l'âme. » Dieu a dû travailler pour créer le monde puisqu'Il s'est reposé le septième jour.

Le lien entre christianisme et croissance est si fort que Rodney Stark[1] développe la thèse selon laquelle les

1. *Cf.* Rodney Stark, *Le Triomphe de la raison*, Presses de la Renaissance, 2007.

prêtres ont été les premiers entrepreneurs capitalistes. On savait qu'il était inconcevable de ne pas travailler dans les abbayes. Le champagne, les confits d'oie, de nombreux vins (beaucoup de Bourgogne, car les monastères sont nombreux dans la région), la bière, mais aussi, leur nom est évocateur, le Cointreau, la Chartreuse ou la Bénédictine sont nés de cette volonté de produire en cultivant la terre et de lutter contre la paresse[1]. Les domaines monastiques ont, comme les exploitations agricoles, bénéficié des gains de productivité issus de l'utilisation de la charrue ou de l'assolement triennal. Leur « cœur de métier » s'est donc naturellement déplacé des activités paysannes vers les activités productives. Un développement à la « Adam Smith » s'ensuit : là où les abbayes avaient pris l'habitude de vivre en autarcie, produisant leurs denrées alimentaires, leur bois et leurs draps, progressivement, la spécialisation fait son œuvre. Certains monastères produisent exclusivement du vin, d'autres des céréales, d'autres encore de la viande… Les domaines s'urbanisent et deviennent de véritables petites villes comprenant ateliers, commerces, administrations et écoles. L'usage de la monnaie s'y répand. Les domaines accumulent les profits et les réinvestissent pour accroître leur activité. Les liquidités non dépensées sont prêtées. L'église conduit aussi des activités bancaires : Cluny prête aux nobles bourguignons ! Elle fait crédit en contrepartie d'une garantie hypothécaire, et saisit les biens hypothéqués (des terrains) en cas de non-remboursement. Elle peut ainsi considérablement agrandir les surfaces qu'elle possède. Disons-le clairement : dès le IXe siècle, les églises sont de grandes entreprises. C'est grâce à

1. *Cf.* Marc Ferro, *Des grandes invasions à l'an mille*, Plon, 2007.

l'économie que l'Église devient le principal propriétaire terrien de l'Europe, avec des revenus excédant ceux de la plupart des rois. Le sociologue américain Randall Collins va jusqu'à affirmer que « le dynamisme de l'économie médiévale fut principalement celui de l'Église[1] ».

Produire est une chose, vendre en est une autre. L'Église ne condamne pas le commerce, qu'elle pratique, mais l'amour de l'argent. Le commerce est éthiquement neutre. Saint Augustin souligne que chacun, quelle que soit sa profession, peut faire le bien comme le mal. Il comprend également que le prix ne dépend pas des coûts de production, mais du rapport entre l'offre et la demande. Simplement, l'acheteur ne doit être ni trompé ni forcé. Il démontre l'acceptation par l'Église des mécanismes du marché. Certes, il y aura, pendant plusieurs siècles, des résistances théologiques au développement du commerce et de l'accumulation des profits. Mais à partir du XIIe siècle, l'essentiel de ces objections est levé. Saint Thomas d'Aquin justifie l'existence de métiers et de leur rémunération par la notion d'« utilité commune ». L'Église, au contact des réalités économiques, les a pleinement acceptées. Plus, elle a fourni une impulsion décisive au développement du capitalisme occidental.

Qu'on ne me fasse pas le procès d'un prosélytisme chrétien, je ne suis pas croyant. J'observe l'Église comme les autres religions, de l'extérieur, avec beaucoup d'intérêt, ce qui me permet de fulminer quand le pape François, au demeurant sympathique, prend des allures de militant altermondialiste pour déclamer de son balcon,

1. Randall Collins, *Weberian Sociological Theory*, Cambridge University Press, 1986.

comme il l'a fait le 15 mars 2017, que supprimer des emplois pour des motifs économiques « troubles » pouvait être un « péché gravissime ». Mais quelle joie de lire les mots empreints de sagesse du grand rabbin de France Haïm Korsia : « Car dans la Bible, le travail est une bénédiction. Le travail des hommes n'est pas une malédiction, interprétation erronée qui résonne dans les tréfonds de notre conscience, avec ce faux idéal de posséder des biens sans travailler. Dans le judaïsme, le travail est appréhendé comme un accomplissement et le moyen de ne pas dépendre des autres, si ce n'est de Dieu lorsqu'on y croit ! L'enjeu n'est donc pas de distribuer de l'argent pour pouvoir consommer, mais bien de proposer une activité productive qui confère une dignité[1]. »

Accepter la fin du travail constituerait la plus grande rupture civilisationnelle depuis la naissance de Jésus. Le christianisme, papal ou réformé, le judaïsme, puis les Lumières, ont placé le travail au cœur de leur morale. Non que le travail soit une valeur en soi, mais il est l'outil de l'amélioration du monde et, par là, un vecteur de la morale. Le travail et la raison, l'éducation et le droit, le souci du prochain ont fait de notre civilisation et de l'Europe en particulier la partie du monde la plus riche, la plus libre et la plus solidaire. Certes, les réactionnaires du « c'était mieux avant », les prophètes de déclin de l'Occident, voire de sa décadence, se font entendre comme jamais. Qu'il est simple d'adopter la posture de celui qui prédit la fin du monde. Posture instinctive et non pensée rationnelle. Posture paresseuse et non raisonnement travaillé. Posture passéiste et non réflexion lucide. La tyrannie du « c'était mieux avant »

1. Entretien au *Figaro*, 21 février 2017.

relève des passions tristes, à cent coudées de la rigueur de la tradition intellectuelle occidentale. L'Europe est le continent de la prospérité, de l'État-providence, de la liberté politique, du féminisme, de la culture, de l'art de vivre, du refus de la peine de mort. Et il serait question de décadence ? Décadence intellectuelle de ceux qui la professent, oui, et dont l'inconscient réalise que leur dirigisme et leur nationalisme les ont conduits dans l'impasse. L'Europe a besoin non d'un changement de civilisation, mais de réformes. C'est politiquement moins ambitieux et intellectuellement plus exigeant. Quand la destruction créatrice menace de tout emporter, la civilisation doit tenir la barre. Abandonner le travail, c'est abandonner la civilisation occidentale. Pour ceux qui, comme moi, aiment l'Europe et la société ouverte, c'est inacceptable. Notre héritage chrétien est un bien précieux. Foi d'agnostique !

Ce que la France a perdu avec les protestants

Près de 15 % des Européens et plus de 45 % des Américains sont protestants. Le travail est au centre de leur vie terrestre. C'est ainsi que leur religion est conçue. Cette importance du travail, de fait, irrigue encore la tradition occidentale.

Le travail atteint avec Luther et Calvin un prestige que les catholiques ne lui avaient pas conféré. Les protestants le considèrent comme un signe d'élection et la théorie de la prédestination, conjuguée au temps libéré par le rejet des sacrements et des confessions, fait du travail la principale activité des fidèles, une activité que l'on n'a jamais de raison d'arrêter. Le métier, le *beruf* de Luther, devient le cœur de la vie terrestre. Dans son étude sur le sujet, Max Weber montre que c'est le protestantisme qui explique l'approfondissement du capitalisme après la Renaissance et non l'inverse[1]. Weber ne veut pas dire que le capitalisme est né du protestantisme, mais que Luther et Calvin ont introduit dans la vie économique et sociale un état d'esprit particulier, marqué par le travail et l'ascèse. Là où un catholique travaille pour extraire les moyens nécessaires à sa survie et à celle des siens, un protestant va plus loin. Il travaille au-delà de la nécessité, pour réaliser des profits et les réinvestir. Cette capacité à travailler, non pour consommer mais pour épargner puis investir, explique encore la prospérité de l'Allemagne ou de la Suisse, là où la France préfère l'endettement et les dépenses improductives. Je me rends souvent en Suisse pour des conférences. Je suis toujours fasciné par le culte du « travail bien fait », quel qu'il soit, principe auquel il est impensable de déroger. C'est ce qui, selon Weber toujours, explique que, là où plusieurs religions coexistent, les protestants sont un peu plus riches, un peu plus éduqués, et peu plus industrieux. Écoutez la voix tonnante de Luther dans *L'Ecclésiastique* (XI) : « Sois attaché à ta besogne, occupe-t'en bien et vieillis dans ton travail. N'admire pas les œuvres du pécheur, confie-toi dans le Seigneur et tiens-toi à ta besogne. »

Pour ces raisons, la révocation de l'édit de Nantes en 1685 fut peut-être la pire décision de politique publique de toute l'Histoire de France. Car en dépit des contraintes et des interdits qui ont fait et font toujours l'histoire économique de la France, s'était formée dans le pays une bourgeoisie protestante entreprenante.

1. *Cf.* Max Weber, *L'Éthique protestante et l'esprit du capitalisme* (1904-1905), Pocket, 1998.

Certes, sa présence ne suffisait pas à hisser l'économie française à la hauteur de la Hollande ou de l'Angleterre, mais, dans les corporations ou les interstices oubliés par la réglementation, elle produisait, réussissant même à innover. Louis XIV, pour qui économie et pouvoir étaient dissociés, avait en outre été marqué par la Fronde. Avec l'appui intellectuel obscurantiste de Bossuet, il considérait que la diversité était contraire à l'unité du royaume. Il en avait conclu que le pouvoir devait être totalement centralisé et que la France recueillerait les fruits d'une homogénéisation religieuse, d'autant que ces protestants à la religion déviante étaient aussi des « rebelles politiques ». Certains historiens ont pensé que le roi avait voulu trouver un moyen de laver devant Dieu ses péchés d'adultère. Les dragonnades du début des années 1680 anticipent la révocation. Le mot d'ordre est « tue, tue, ou catholiques ! ». Pragmatiques, certains pays sentent l'avantage économique qu'ils peuvent retirer de ces oppressions françaises qui virent au suicide national. Après la dragonnade du Poitou, le prince de Brandebourg propose aux huguenots de les exonérer de charges ! Les protestants ne sont pas les seuls à faire l'objet de la tentative de purification du royaume. Le seul fait d'être bohémien ou égyptien expose aux galères à perpétuité. Les bohémiennes sont rasées. La France de Louis XIV tue la diversité en s'attaquant à l'origine des individus. Le Roi-Soleil met à mal l'économie française pour des siècles.

Persécutions et conversions forcées trouvèrent leur aboutissement naturel dans la révocation de l'édit de Nantes. La décision de Louis XIV piège les huguenots. L'article 1 ordonne la destruction des temples protestants, l'article 3 interdit l'enseignement du culte réformé, l'article 5 exige la conversion ou l'exil des pasteurs et l'article 10 interdit aux protestants non convertis de quitter la France. Ce dernier article ne sera pas vraiment appliqué. Peu après la révocation, l'exil s'organise. D'abord, l'État laisse faire. Il réagit dans un second temps, mais a laissé le temps aux réformés de recruter des guides et de fabriquer de faux papiers.

Les historiens et les économistes n'ont jamais cessé de s'interroger sur les conséquences de cet exil, qui a ajouté bien des difficultés à l'économie française. En faisant fuir des centaines de milliers de protestants, parmi les plus entreprenants du royaume, on a laissé l'économie française aux rentiers, aux quémandeurs d'offices et aux propriétaires terriens. Au moment où la cour de Louis XIV ne savait plus comment louer son roi, il s'est trouvé, avec Vauban, un homme plus courageux que la moyenne, volant loin au-dessus des flagorneries de Madame de Sévigné, de La Fontaine ou de La Bruyère. Vauban reste connu pour ses fortifications alors que, comme les grands esprits de son époque, c'est un généraliste : ingénieur, architecte, urbaniste, mathématicien, il possède aussi un solide bon sens économique[1]. C'est en 1689 que le maréchal publie un petit rapport au titre explicite et à contre-courant : « Mémoire pour le rappel des huguenots, adressé à feu M. de Louvois[2]. » Voici citée une phrase dans son intégralité, qui démontre l'habileté de Vauban à dire ce

1. Provocateur ou courageux, cet homme décrit par Saint-Simon comme vertueux, doux, compatissant et obligeant publie en 1707 une proposition de réforme fiscale qui prévoit un impôt unique, payé par tous les citoyens, légèrement progressif. Le roi ordonne la mise au pilon des exemplaires et interdit sa diffusion.

2. Louvois lui répond, dans le style inimitable du XVIIe siècle : « J'ai lu votre mémoire où j'ai trouvé de fort bonnes choses mais, entre nous, elles sont un peu outrées ; j'essaierai de le lire à Sa Majesté. »

qu'il pense en prenant moult précautions : « Ce projet si pieux, si saint et si juste, dont l'exécution paraissait si possible, loin de produire l'effet qu'on en devait attendre, a causé et peut encore causer une infinité de maux très dommageables à l'État. » Dans son mémoire, Vauban signale le départ de 80 000 ou 100 000 exilés (l'historiographie récente donne des résultats variables, mais de l'ordre de plusieurs centaines de milliers de personnes, donc supérieurs à l'estimation initiale de Vauban). Il note également que ces personnes travaillaient en grande partie dans des manufactures, et qu'elles transfèrent des savoir-faire français, surtout en Hollande ou en Angleterre, secondairement dans des pays comme la Suisse. Vauban évoque la « ruine » du commerce. Enfin, retrouvant ses réflexes militaires, il déplore que plusieurs milliers de huguenots français soient devenus des militaires voire des officiers dans des pays avec lesquels la France est en conflit. Du point de vue strictement religieux, les conversions sont un échec puisque, écrit-il en homme sage, elles ont attisé la haine des protestants contre les Français et les chrétiens, et ne peuvent en aucun cas être sincères. Elles soudent ceux qui n'aiment pas le royaume de France.

Avec la révocation, la France s'est uniformisée en perdant une bourgeoisie qui aurait contribué à la conduire le long d'un chemin différent de celui qu'elle a emprunté : plus industriel, tourné vers le grand large, notamment l'Atlantique, plus tolérant vis-à-vis de l'immigration et des idées neuves. Comme le montre Christophe Rogue[1], le progrès porté au pinacle par les Lumières peut se lire comme une sécularisation et un prolongement du *beruf* des protestants. La bourgeoisie

1. Christophe Rogue, *Le Travail*, *op. cit.*

s'est construite autour du travail et elle a porté l'idée du progrès. L'esprit français, après la révocation de l'édit de Nantes, a perdu une partie de l'esprit du travail et du progrès. Nous le payons encore.

La tristesse de ne pas travailler

Qui a dit que le travail devait toujours être un plaisir ? Moi qui fréquente quotidiennement les dirigeants d'entreprises, je souffre d'entendre cette antienne jusqu'à nausée. Le mot « travail » provient de *tripalium*, qui signifie dans le latin populaire parlé par les Gaulois « trois pieux ». Ces trois pieux formaient un chevalet auquel on attachait les bœufs ou les chevaux pour les ferrer ou les soigner. Au Moyen Âge, le tripalium s'éloigne de ses applications animales pour devenir un instrument de torture pour les humains. De tripalium va naître *tripaliare* qui devient, après l'an mille, « travailler ». Le terme « travail » comprend donc explicitement la notion de souffrance. Qui, dans ces conditions, à part un sadomasochiste, pourrait penser qu'il ne serait que plaisir ? Les femmes qui accouchent le savent bien. Dans leur salle de travail, elles endurent la douleur, parfois pendant de longues heures, immobiles, sans boire ni manger, alors que les contractions sont de plus en plus fortes. Elles enfantent avec courage. Les pères se contentent de couper le cordon ombilical.

Dans notre monde obsédé par le plaisir individuel et la quête du bien-être, peut-on encore vouloir entreprendre quelque chose qui ne procure pas une satisfaction immédiate ? Peut-on considérer que la recherche obsessionnelle du bonheur est une quête vaine et avilissante ? Il faudrait se méfier de la notion même de bonheur. Comme le montre Luc Ferry, trouver la recette du bonheur est impossible puisque le bonheur ne dépend pas que de nous[1]. Un enfant malade, une femme qui part, un parent qui meurt et nous y sommes. Dans ces conditions, la méditation et le sport ne nous aideront pas. Plutôt que de bonheur, parlons de joie. Le bonheur perpétuel est hors de portée et, quand je croise quelqu'un déclamant les yeux en cœur « je suis tellement heureux, j'ai trouvé le bonheur, lalala... », non seulement je le considère comme un imbécile, mais monte en moi l'envie de lui mettre une claque.

Le travail peut être une fête tout en étant pénible. Un immense concertiste comme Renaud Capuçon raconte sa joie, profonde, d'être sur scène, sans cacher que le travail solitaire, les répétitions fastidieuses, les décalages horaires exténuants sont éprouvants et, en aucun cas, systématiquement plaisants. Je ne peux m'empêcher d'écrire et de publier des livres. Il n'y a rien à y faire, c'est comme ça. Mais écrire est éreintant et parfois pénible. Je me force à m'installer à mon bureau à des moments où j'aimerais me promener sur les quais de la Seine, faire du vélo, aller au cinéma ou m'asseoir dans le canapé pour regarder une série. Lire *La Phénoménologie* de Hegel pour préparer ces pages n'a pas été un plaisir, mais une souffrance qui a débouché sur une immense joie, et même une jouissance intellectuelle. C'est comme travailler le piano : la joie naît du travail, le plaisir naît du déplaisir. Travailler est nécessaire pour devenir plus humain, mais cela ne signifie pas que cela soit toujours un amusement. Et alors ? La vie serait bien fade et inintéressante si elle n'était qu'hédonisme

1. Luc Ferry, *7 façons d'être heureux – ou les paradoxes du bonheur*, XO, 2016.

de courte vue, si elle se perdait dans le divertissement. L'*homo faber* d'Arendt, l'homme perfectible de Rousseau ou le surhomme nietzschéen, tous doivent travailler, ordonner et hiérarchiser leurs désirs et leurs pensées pour créer et s'affirmer, pour se perfectionner, pour devenir ce qu'ils sont.

Travailler est parfois plaisant, parfois pas. Parfois bon pour la santé, parfois non. Mais seul le travail sauvera l'humanité. Nous n'avons d'autre choix que travailler, alors faisons-le dans les conditions le plus agréables possible. C'est l'un des aspects de l'« entreprise libérée » qui devient, peu à peu, un modèle pour les sociétés qui visent l'excellence[1]. Dirigeants d'entreprises, laissez vos salariés travailler là où ils le souhaitent, chez eux ou au bureau. Et si c'est au bureau, faites-en un endroit agréable, avec des corbeilles de fruits, du thé et du café de la meilleure qualité, des tableaux au mur et des canapés. Puisque le travail peut être une souffrance, diminuez-la !

Travailler est difficile, mais rien n'est pire que de ne pas travailler. Voilà ce que montrent les enquêtes qui forment ce champ passionnant et relativement récent de la recherche économique appelé « économie du bien-être[2] ». Il en ressort que les chômeurs sont en moyenne moins heureux que le reste de la population. Ils sont en outre plus susceptibles de souffrir d'anxiété, d'insomnies et de dépression. Surtout, on ne s'habitue pas au chômage, ce qui différencie la perte d'un emploi de la plupart des autres événements malheureux de la

1. *Cf.* Isaac Getz, *La liberté, ça marche ! L'entreprise libérée, les textes qui l'ont inspirée, les pionniers qui l'ont bâtie*, Flammarion, 2016.

2. J'ai déjà cité les ouvrages de Mickaël Mangot. Voir aussi Lucie Davoine, *Économie du bonheur*, La Découverte, 2012.

vie. L'homme, face à l'épreuve, dispose d'une capacité d'adaptation phénoménale. Comme le qualifie Boris Cyrulnik, il est incroyablement résilient. Les enquêtes montrent qu'il se remet rapidement d'un divorce et même d'un veuvage. De même, un accident corporel soudain, en voiture par exemple, qui laisse des séquelles à vie, n'affecte pas forcément le bien-être à long terme. Il existe toujours des périodes post-traumatiques mais, au bout de deux ou trois ans, la tristesse s'estompe. Ce n'est pas le cas pour le chômage, qui rend durablement moins heureux. Et cette perte de bien-être n'est pas proportionnelle à la variation de revenu induite par le chômage : elle est supérieure. Ainsi, le chômage ôte bien d'autres choses que de l'argent, ce qui ne devrait pas étonner puisque le travail apporte bien autre chose que de l'argent : un salaire certes et des droits, mais aussi une insertion sociale. Surtout, et bien que ce point soit rarement étudié dans les enquêtes réalisées auprès des travailleurs, il apporte la réalisation « hégélienne » de soi : le produit de notre travail nous renvoie l'image de notre participation à la construction du monde, ce monde transformé par la technologie dont chaque être humain devrait vouloir, à sa mesure, infléchir le cours ou tout au moins, comme dit Camus, « éviter qu'il ne se défasse ».

4

La nouvelle société du travail

Contre le revenu universel

Quand je suis déprimé, je ne bois pas. Je cours, puis je travaille. Le travail, pratiqué avec tempérance, en se fatiguant sans s'épuiser, ce travail-là nous sauvera. Pourtant, les utopistes, tout à leur affaire de construire un monde plus cauchemardesque que paradisiaque, ont considéré depuis longtemps que la société idéale dissociait l'effort de la récompense. Si on les suit, à l'âge contemporain de l'abondance, pourquoi ne pas faire de ce Graal une réalité ? Les assurances sociales furent la grande avancée du XIXe siècle et les États-providence celle du XXe. Le XXIe siècle ne sera-t-il pas celui du revenu universel qui permet à tous ceux qui le souhaitent de vivre sans travailler ? C'est le projet de ses défenseurs, parmi lesquels, en France, Gaspard Koenig, pédagogue et défricheur d'un libéralisme rafraîchissant, utile dans un pays asphyxié par la protection et la fiscalité. Mais l'amitié ne commande pas l'alignement intellectuel parfait, au contraire. C'est un point qui étonne souvent ceux qui pensent que les médias sont gouvernés par un « système » composé de clones unis par des intérêts de pouvoir et d'influence. La réalité est différente. Les personnes qui se côtoient sur les plateaux de télévision, les studios de radio, les salles de rédaction ou les conférences nouent des affinités, voire plus. Qu'il y a-t-il d'étonnant à cela ? Ne peut-on pas comprendre que l'on devienne ami (ou que l'on couche) avec ceux ou celles que l'on rencontre le plus facilement, par exemple dans le cadre de relations professionnelles ? Les entreprises sont des lieux de sociabilité où, souvent, des couples se forment. Il se passe la même chose dans les cercles médiatiques, intellectuels et politiques comme, sans doute, dans les milieux sportifs ou artistiques. Cet entre-soi ne supprime pas les débats, bien au contraire. Souvent, je ferraille micros ouverts avec des personnes que j'aime profondément mais avec lesquelles j'ai des désaccords de fond, voire des oppositions radicales. Bien souvent d'ailleurs, l'amitié n'aplanit pas la forme mais raffermit l'expression car l'affectivité s'en mêle. Débattant du revenu universel, de nombreuses discussions animées me reviennent, dont la plupart se sont prolongées après les émissions en question, dans la rue, dans la voiture ou par téléphone.

Certains économistes ou philosophes, plutôt libéraux, accolent à ce « revenu universel » un « de base » signifiant, utile précision, que sa vocation est d'être complété d'autres revenus, assurantiels ou d'activité. D'autres, plus socialistes et plus ambitieux (ce qui va souvent ensemble, parfois pour le meilleur, souvent pour le pire), évoquent un « revenu d'existence », ce qui sous-entend que le simple fait d'être vivant justifie de le percevoir. Mais universel ou d'existence, par-delà les nuances langagières, veulent dire la même chose : ce revenu est inconditionnel, c'est-à-dire versé à tous les citoyens d'un pays, sans discrimination de situation personnelle « de famille » comme on dit, ou financière. Un revenu universel a vocation à être unique et à bénéficier à tous les individus, du plus pauvre au plus riche, du cadet au doyen du pays. S'il ne respecte pas ses conditions, il perd son caractère d'universalité.

Du strict point de vue intellectuel, le revenu universel ne manque pas d'attrait. Depuis *L'Utopie* de Thomas More, la gauche le voit comme un moyen d'assurer une subsistance à tous, y compris à ceux que le travail dérange. Dans le XXIe siècle naissant, il rassure aussi ceux qui pensent que la mutation technologique en cours raréfie le travail. Même Elon Musk s'en est fait l'avocat en juin 2016 à la télévision et plusieurs fois ensuite, mais à reculons. Il explique en substance que l'automatisation va affecter l'emploi, ce qui va rendre du temps disponible pour les loisirs. Ainsi, nous dit Musk, le revenu universel est un moyen de prémunir la société contre les effets sociaux de la destruction créatrice et, si elle est avérée, de la raréfaction du travail. Mais le génial entrepreneur, lui-même névrosé et ne se réalisant que par son travail, a l'honnêteté de rappeler qu'une société dominée par les loisirs ne serait pas forcément paradisiaque et que les individus qui la composent auront peut-être du mal à trouver un sens à leur vie. Les entrepreneurs de la Silicon Valley sont incorrigibles. Ils sont géniaux comme créateurs et développeurs d'entreprises, mais leurs positions intellectuelles sont souvent empreintes de balourdise et de bons sentiments.

Le revenu universel, en dépit de la sympathie qu'il peut inspirer, n'est ni justifié, ni souhaitable, ni faisable. Il n'est pas justifié, contrairement à ce que prétendent ses thuriféraires de gauche, car le travail humain ne se raréfiera jamais. La mutation technologique en cours qui associe l'intelligence artificielle à la robotique, à la génétique, aux nanotechnologies et à l'imprimante 3D entraîne une gigantesque mutation du travail. Mais mutation ne signifie pas disparition. La disparition du travail nécessiterait de subventionner les individus, la mutation du travail nous oblige à anticiper, former et flexibiliser. C'est moins d'un revenu universel que nous avons besoin que d'une réforme du marché du travail, de la formation professionnelle et de l'apprentissage.

Le revenu universel n'est pas davantage justifié dans une optique libérale. Les libéraux qui le défendent font souvent référence à Milton Friedman, mais cette façon de faire parler cet illustre mort est spécieuse. Milton Friedman consacrait quelques pages, non pas au revenu universel, mais à l'impôt négatif, à la fin d'un ouvrage paru en 1962 et intitulé *Capitalisme et liberté*[1]. Ce livre proposait une réflexion sur les fondements éthiques du libéralisme, sur son efficacité, et esquissait des applications concrètes dans le domaine de la politique. Il ne rencontra pas un vif succès sur le moment, mais il ouvrit intellectuellement la voie du renouveau libéral des années 1980, marqué politiquement par les accessions au pouvoir de Margaret Thatcher au Royaume-Uni et de Ronald Reagan aux États-Unis. Son « successeur », moins théorique et publié en 1980, reçut, lui, un large écho populaire. Il sortit aux États-Unis sous l'excellent titre de *Free to choose* et fut traduit en français par *La Liberté de choix*, conversion impropre d'un titre dynamique et responsabilisant en une fade soupe verbale. Dans un court chapitre de *Capitalisme et liberté* intitulé « L'aide aux économiquement faibles », Milton Friedman esquisse ce que pourrait être une politique de

1. Milton Friedman, *Capitalisme et liberté* (1962), Robert Laffont, 1971.

lutte contre la pauvreté. Il rappelle d'abord que, dans ce domaine, un résultat efficace repose nécessairement sur l'intervention de l'État. La charité privée ne suffirait pas car nous serions nombreux à être tentés de nous comporter comme des « passagers clandestins ». Personne n'aime voir une femme ou un homme dormir dans la rue, mais il faut bien reconnaître que le réflexe de la plupart d'entre nous est de considérer que d'autres s'en occuperont. Mais, ajoute Friedman, l'intervention de l'État est d'autant moins néfaste qu'elle laisse le marché fonctionner librement. C'est la raison pour laquelle Friedman évoque la possibilité, non pas d'introduire des mesures de lutte contre la pauvreté, mais de rendre une partie de l'impôt « négatif ». Imaginons que la société française considère que personne ne devrait percevoir moins de 10 000 euros par an. Ce chiffre est arbitraire, choisi pour faciliter le calcul. Ceux qui gagnent plus seraient imposés aux taux en vigueur et effectueraient donc un versement à l'administration fiscale. Ceux qui, en revanche, percevaient moins que cette somme se verraient appliquer un taux d'imposition à leur revenu « négatif ». Imaginons un taux « antipauvreté » de 50 %. Un individu qui gagnerait 8 000 euros par an « paierait » un impôt négatif de – 2 000 × 50 %, c'est-à-dire qu'elle recevrait 1 000 euros de l'administration fiscale. Son revenu après impôt s'établirait à 9 000 euros.

Les promoteurs libéraux du revenu universel expliquent que la proposition de Friedman revient à verser un revenu minimum à chacun. C'est mathématiquement contestable et symboliquement faux. Un crédit d'impôt est variable selon le revenu. Il n'est donc pas, de fait, équivalent à une allocation unique qui consisterait à verser à chaque citoyen 10 000 euros parce qu'on estimerait sur la base d'arguments nécessairement imprécis que cette somme correspond à ce que chacun est en droit de recevoir du travail des autres.

Les avocats du revenu universel soulignent sa simplicité, comparée au maquis d'aides et d'allocations qui empoisonne la vie des personnes qui en ont besoin, et qui entraîne une inflation de dépenses publiques inefficaces. Mais l'impôt négatif friedmanien, lui, est de ce point de vue supérieur car il lutte contre la grande pauvreté en étant directement intégré au système fiscal. En outre, l'argument, fort, de la simplicité ne milite pas forcément pour le revenu universel. Évidemment, il est nécessaire de renforcer l'efficacité de nos systèmes d'aides sociales en les simplifiant drastiquement, en fusionnant certains dispositifs et en en supprimant beaucoup. C'était, en France, la logique du RSA, le revenu de solidarité active, que notre passion pour la complexité a pervertie. L'idée était brillante. Il s'agissait de proposer, aux personnes qui travaillent mais ne perçoivent pas suffisamment d'argent pour vivre décemment, un complément de revenus et de verser, à celles qui ne travaillent pas, un « filet de sécurité », en prenant toujours soin de veiller que les personnes qui travaillent bénéficient de revenus supérieurs aux autres. Que le RSA ne tienne pas ses promesses est lié à sa mise en œuvre pratique, mais le concept est excellent. En revanche, et sans que cela ne pose souci, il n'a pas vocation à être universel puisque réservé à la seule partie de la population qui en a besoin.

En outre, faire preuve de temps à autre de pragmatisme n'est pas honteux. Qui pense sérieusement que verser 400 ou 500 euros à chaque individu, y compris ceux qui n'en ont pas besoin, exonérerait l'État de s'intéresser davantage aux plus fragiles ? Imagine-t-on l'État se retirer, par exemple, de la formation professionnelle ? Le revenu universel, simple au départ, serait amené à se compliquer sans fin. J'ajoute que, en France, instaurer le revenu universel n'est pas faisable car son coût (entre 300 et 600 milliards d'euros) ne pourrait être éventuellement absorbé que par la suppression de toutes les aides sociales existantes. C'est le rêve de certains libéraux, mais il s'agit bien d'un rêve dans un pays comme la France où le simple fait d'évoquer le retrait de la prime de Noël versée aux personnes à faibles ressources vous fait passer pour une hyène. Fixons-nous donc un agenda de réformes moins ambitieux mais faisable, aussi efficace et plus juste : une réforme du marché du travail et de la formation qui augmente le taux d'emploi et un recentrage de notre politique de lutte contre la pauvreté avec le RSA comme outil exclusif en faisant en sorte que le travail paie toujours plus que l'inactivité.

L'incitation au travail

Les politiques publiques doivent pousser les individus à travailler car le travail génère le travail. Certains esprits étourdis ont pu croire qu'il fallait partager le travail comme si cette matière vivante, évolutive, qui se renouvelle sans cesse et emprunte des chemins imprévisibles s'apparentait à un morceau de bois rigide prêt à la découpe. Le travail ne demande en réalité qu'à être libéré pour prospérer. Raison pour laquelle non seulement il n'est pas néfaste de pousser chacun à travailler (aucun individu ne vole l'emploi d'un autre), mais c'est même nécessaire si l'on considère que le travail doit rester la matrice de notre société et si la politique veut viser le plein-emploi.

Cette dimension de la politique de l'emploi est souvent occultée par nos cerveaux noyés de keynésianisme bien-pensant, mais le « chômage volontaire », bien que minoritaire, existe. Les personnes en âge de travailler doivent être incitées à rechercher un emploi, ce qui exclut que l'assistance puisse rapporter plus que le travail. On observe en effet que, dans les cas où les revenus d'assistance excèdent les revenus du travail, le comportement *moyen* des individus consiste à choisir de ne pas travailler. Il n'y a aucun jugement moral derrière cette assertion, mais l'idée que les individus réagissent aux incitations financières, ce qui est l'un des principaux résultats de l'analyse économique de ces dernières décennies. Sur ce sujet, les études sont difficiles à réaliser en France en raison du nombre et de la complexité des aides versées, nationales et locales (crèches, cantines, eau, transport...). Denis Anne et Yannick L'Horty avaient néanmoins réalisé ce travail utile et ingrat il y a quelques années en concevant le logiciel Équinoxe qui prenait alors en compte les aides versées à Paris, à Lyon et à Marseille et dans dix villes moyennes[1]. Les résultats de cette étude étaient préoccupants. Ainsi, un couple inactif avec deux ou trois enfants perdait de l'argent si l'un de ses membres obtenait un emploi payé au Smic. Seuls les célibataires, les couples avec un enfant ou certaines familles monoparentales étaient incités à travailler au Smic à temps plein. La solution à ce scandale économique (et éventuellement moral) ne consiste pas à diminuer ces allocations ni à

1. Cité dans Pierre Cahuc et André Zylberberg, *Les Ennemis de l'emploi*, Champs actuel, 2015.

augmenter le Smic, mais à réformer le RSA pour faire en sorte que le travail paie.

La rémunération du travail agit aussi comme signal sociétal. Le travail doit demeurer la colonne vertébrale de l'organisation de notre société. La dialectique du maître et de l'esclave de Hegel que j'ai exposée dans le troisième chapitre montre à quels dangers nous pourrions être exposés : si nous démissionnons devant la tentation de la paresse, nous allons devenir une colonie d'esclaves dirigée par les robots et l'intelligence artificielle, et le rêve d'oisiveté de Lafargue se métamorphosera en un cauchemar digne des pires dystopies. Mais ce cauchemar, c'est notre imprévoyance qui en aura fait une réalité. C'est justement quand la machine promet de nous soulager des tâches les plus pénibles que nous devons redoubler d'ardeur au travail pour rester maîtres d'une société qui réponde aux objectifs de progrès que se fixe l'humanité. Plus les machines travaillent, plus nous devons travailler. Pour reprendre une antienne un peu niaise (mais justifiée ici), l'heure est à la collaboration entre la biologie et le silicium ! C'est pourquoi les projets de réforme de la fiscalité et des transferts sociaux doivent tendre vers ce but politique : inciter un maximum de personnes à travailler en les rémunérant correctement. Cela constitue – mais en était-il besoin – une justification à la réforme du marché du travail, non pas seulement dans une optique utilitariste (que chacun puisse vivre décemment), mais aussi dans une perspective philosophique : bâtir des sociétés, humaines par définition, où les humains demeurent les maîtres chez eux.

Cet objectif doit servir de guide à la rationalisation de nos systèmes sociaux sans passer par l'instauration d'un revenu universel déconnecté du travail. Voilà pourquoi je défends, depuis plusieurs années, une politique sociale fondée sur le principe du *workfare*, un terme qui contrebalance celui, passif, de *welfare state*, traduit en français, non pas littéralement par « État qui procure du bien-être », mais par « État-providence ». Le *workfare* considère que les aides sociales doivent être versées en contrepartie d'un travail, qui peut être d'intérêt public. Les politiques du *workfare* avaient été évoquées pour la première fois par Richard Nixon, mais elles ont pris une ampleur considérable aux États-Unis sous le mandat de Bill Clinton et sont désormais appliquées en Australie, au Canada, au Royaume-Uni, au Danemark ou aux Pays-Bas. Cette idée, considérée par les Scandinaves comme naturelle, repose sur l'« équilibre droit-devoir » : dans une démocratie, chaque personne qui perçoit une aide sociale doit contribuer à la vie de la cité, ne serait-ce que quelques heures par semaine. Évidemment, ces principes ne s'appliquent pas aux retraités, aux personnes malades ou aux demandeurs d'emploi, qui bénéficient d'assurances – maladie, retraite, chômage – pour lesquelles ils ont cotisé. En revanche, ceux qui bénéficient d'une aide au logement, d'un HLM, du RSA quand ils sont sans emploi doivent participer à des travaux d'intérêt général, même légers.

Le *workfare* est justifié par un choix politique. Mais il est aussi un formidable outil de régulation de la dépense publique de deux façons. Premièrement, il décourage la fraude. Tous les présidents de conseils départementaux que j'ai interrogés sur le sujet soupçonnent des tricheries au RSA difficiles à traquer. Attacher un devoir à chaque allocation publique doit permettre de décourager ces fraudes sans avoir à mettre en place une administration sociale policière. Il s'agit de responsabiliser pour moins surveiller. Deuxièmement, l'équilibre droit-devoir est souvent efficace, surtout dans les périodes de sous-emploi, car il réinsère. Il est d'ailleurs piquant d'observer que les mêmes qui (souvent de gauche) vantent les emplois aidés dans le secteur public, critiquent en même temps l'idée qu'il pourrait être astucieux de demander aux bénéficiaires du RSA socle de travailler quelques heures chaque semaine dans des associations. Incohérence, quand tu nous tiens. Observons d'ailleurs que, dans les pays cités plus haut qui appliquent une politique sociale de *workfare*, le taux de chômage est compris entre 5 et 7 % de la population active. Ce sont eux qui ont des leçons à nous donner dans ce domaine et non l'inverse.

La Constitution française bafouée

Le travail est une nécessité économique. C'est vrai à titre collectif, surtout quand le temps d'études des uns et le temps de retraite des autres s'allongent. C'est vrai à titre individuel puisque l'on doit subvenir à nos besoins. C'est pour cela que, dans le préambule au sublime édit de 1776 supprimant les corporations, Turgot écrivait : « Dieu, en donnant à l'homme des besoins, en lui rendant nécessaire la ressource du travail, a fait du droit de travailler la propriété de tout homme, et cette propriété est la première, la plus sacrée et la plus imprescriptible de toutes. » Ode au plein-emploi, ode à la modération fiscale. Mais la France a oublié l'enseignement de son bon ministre.

Le travail n'est pas qu'un moyen de gagner sa vie. Il est un outil d'inclusion. Il confère des droits sociaux puisque de nombreuses cotisations sociales sont proportionnelles aux salaires. Il offre aussi une sociabilité. Mais réduire l'apport du travail à l'argent et aux droits est réducteur. Ce réductionnisme fut l'erreur des sociaux-démocrates de la fin du XIXe siècle qui considéraient qu'un salaire généreux et de bonnes assurances dédommageaient l'employé de la souffrance endurée au travail. De fait, ce travail pouvait légitimement être pénible à partir du moment où il était correctement rémunéré et permettait d'accéder à un embryon d'État-providence. Mais les sociaux-démocrates, plus matérialistes que leurs maîtres, oubliaient ce que Hegel et Marx eux-mêmes avaient établi : le travail, c'est l'humanité et c'est la vie. Le problème est moins d'échanger un travail contre de l'argent ou des droits que de le désaliéner. Le travail n'est pas fatalement une souffrance. Il peut et doit devenir un épanouissement. C'est, aujourd'hui, notre grand sujet social : rendre le travail attractif et donc, au préalable, le rendre accessible à ceux qui le désirent.

Ce n'est aujourd'hui pas le cas partout, et en particulier pas en France où des générations de chômeurs peuvent se succéder sans que la population ne s'en émeuve autrement qu'en apparence. J'enrage d'autant plus que, par quelques réformes bien menées, en quelques années, nous pourrions réduire fortement notre chômage structurel en libérant la création de millions d'emplois nouveaux. Quel écœurement, dans un pays qui a inscrit le droit de travailler dans sa constitution.

Cette inscription du droit de travail dans la Constitution fut obtenue de haute lutte par l'Assemblée nationale après la révolution de 1848. C'était l'époque où la gauche, même maladroite, aimait le travail et pas seulement les droits. Dans son *Organisation du travail*, publié en 1839, Louis Blanc prévoyait la création d'ateliers sociaux. Il s'agissait de coopératives de production sans patrons. L'État devait les encourager en apportant le capital initial. Suite aux émeutes de 1848, Louis Blanc intégra le gouvernement provisoire qui proclama la République et publia un décret instaurant le droit au travail : « Le gouvernement provisoire de la République s'engage à garantir l'existence des ouvriers par le travail. Il s'engage à garantir le travail [...] à tous les citoyens. Il reconnaît que les ouvriers doivent s'associer entre eux pour jouir du bénéfice légitime de leur travail. » Louis Blanc voulait profiter de son appartenance au gouvernement pour mettre en place le projet de sa vie : les ateliers sociaux. Mais le jeune journaliste peina et vit son projet concurrencé par celui des ateliers nationaux : des emplois publics où l'on faisait travailler de pauvres ouvriers à des tâches de terrassement ou de construction pour lesquelles ils n'étaient pas qualifiés. Le 23 avril 1848, les conservateurs remportèrent les élections. Les ateliers nationaux, incarnation pour la bourgeoisie de la gauche interventionniste, liberticide et dispendieuse, furent dissous. Louis Blanc quitta la France pour un exil de vingt ans. Mais le droit au travail fut inscrit dans la Constitution sous la forme suivante : « La République doit [...], par une assistance fraternelle, assurer l'existence des citoyens nécessiteux, soit en leur procurant un travail dans les limites de ses ressources, soit en donnant, à défaut de la famille, des secours à ceux qui sont hors d'état de travailler. »

Il m'est arrivé d'entendre comparer les politiques du *workfare* avec les ateliers nationaux. Ces deux dispositifs sont pourtant fort différents. L'équilibre droit-devoir consiste à conférer un soutien en échange d'une tâche d'intérêt général. Les ateliers nationaux n'étaient pas un outil de réinsertion et de régulation de la dépense publique, mais de lutte contre le chômage. Les ouvriers chômeurs pouvaient se présenter à leur arrondissement administratif. Ils devenaient alors membres de la garde nationale et partaient dès 6 heures pour des travaux que beaucoup étaient incapables de réaliser. Les ateliers nationaux fournissaient, non pas un revenu universel, mais un travail universel. Idée peut-être généreuse dans l'esprit de certains parlementaires et ministres idéalistes, mais baroque ! Tocqueville, qui avait raison sur tout, en avait identifié les effets pervers dans son discours du 12 septembre 1848, au moment où il fut question d'inscrire le droit au travail dans la Constitution[1]. Tocqueville explique dans un style qui n'existe malheureusement plus chez nos parlementaires que le droit au travail mènera vers deux écueils. Au pire, c'est l'État lui-même qui voudra employer des salariés. Il se fera industrieux et devra, pour aller au bout de sa logique, nationaliser l'ensemble de l'économie. Au mieux, au lieu de libérer l'économie, le gouvernement l'encadrera pour protéger l'emploi sans voir que cela causera à terme le malheur des individus. Le gouvernement voudra renforcer les difficultés du licenciement, il édictera des protections pour que des secteurs ne soient pas concurrencés. Le droit au travail fabriquera ainsi un droit du travail et des réglementations hostiles à l'innovation.

Pourtant le chômage, pour une courte période de la vie, le chômage comme respiration de l'économie, le chômage, de courte durée, comme nécessité de la destruction créatrice, n'est pas un danger. Le problème advient quand l'économie, étouffée, ne génère plus

1. Alexis de Tocqueville, *Contre le droit au travail*, Les Belles Lettres, 2015.

suffisamment de nouveaux emplois. Tocqueville stupéfait l'Assemblée nationale et tétanise ses opposants quand il assène un argument juste et violent, cinquante ans seulement après 1789 : le droit au travail, la protection, le corporatisme, c'est la politique économique de l'Ancien Régime. La Révolution de 1789 fut, dans son essence, libérale. Tocqueville pousse son audace jusqu'à citer Robespierre : « Fuyez la manie ancienne des gouvernements de vouloir trop gouverner ; laissez aux individus, laissez aux familles le droit de faire librement tout ce qui ne nuit pas à autrui ; laissez aux communes le droit de régler elles-mêmes leurs propres affaires ; en un mot, rendez à la liberté des individus tout ce qui lui a été illégitimement ôté, ce qui n'appartient pas nécessairement à l'autorité publique[1]. »

Le préambule de la Constitution de 1946 est heureusement plus libéral que celui de 1848. Il affirme en son article 5 : « Chacun a le devoir de travailler et le droit d'obtenir un emploi. » Tout y est, en une phrase limpide et concise qui évite l'écueil du « droit au travail » de Louis Blanc. En effet, le droit au travail serait un droit positif, une sorte d'obligation pour la société de trouver un emploi à chacun, ce qui créerait les risques soulignés par Tocqueville à l'Assemblée nationale. Le « droit d'obtenir un emploi », par contraste, est une forme négative qui interdit à la société d'empêcher quiconque de travailler.

Malheureusement, les gouvernements français, depuis trente ans, ne respectent pas la Constitution. Mais, dans une démocratie parfaitement libre comme la France, les gouvernements ne font jamais que ce que l'opinion publique, le guide ultime, leur demande. Or

1. Discours sur la Constitution du 10 mai 1793.

les Français ont pris la mauvaise habitude d'éviter de voter pour des présidents qui proposaient des mesures susceptibles de réduire le chômage. Pour une part par ignorance, pour une part par défaitisme, pour une part par lâcheté. La préférence française pour le chômage ne vient pas des chômeurs qui, eux, aimeraient, en grande majorité, travailler. Elle vient de ceux, idéologues et égoïstes, qui refusent la réforme pour ne pas déranger leurs petites habitudes, terrorisés à l'idée de voir leur contrat de travail changé d'une virgule, et qui contribuent au gel de notre économie. Eux n'ont cure du droit au travail constitutionnel.

Le droit constitutionnel de travailler ne sert donc à rien, regardez l'état de la France ! Même mieux formulé qu'en 1848, il s'avère finalement néfaste en octroyant des protections d'apparat qui sont des couvertures asphyxiantes pour l'économie. Soyons, pour une fois, libéraux comme Tocqueville. Une société de plein-travail est le résultat de politiques économiques saines et d'une philosophie du devoir partagée par le plus grand nombre. Et restons-en aux sages mots du ministre Turgot. Laissons aux individus la faculté d'agir et de recueillir : une politique économique libérale, un peu de keynésianisme si nécessaire, un système de formation initiale qui ne laisse personne de côté, une formation continue de qualité, l'envie de travailler car on sait ce que le travail apporte. Construire le monde, le maîtriser, voilà ce dont nous avons besoin.

Le nouveau salariat

Le travail ne disparaît pas, il change. Ses modalités contractuelles doivent donc évoluer sans jeter le salariat par-dessus bord. Voilà ce qui permettra de construire la nouvelle société du travail.

Certes, la mutation technologique facilite le recours au travail indépendant. C'est le prix Nobel d'économie 1991 Ronald Coase qui, dans un article légendaire de 1937 sur la « nature de l'entreprise », nous permet de comprendre pourquoi. Il existe, dans l'économie, deux systèmes principaux de coordination : le marché et l'entreprise. Le fonctionnement du marché repose sur la liberté des prix qui permettent d'équilibrer l'offre et la demande. L'entreprise repose sur des liens de subordination contractuels qui passent outre le système des prix : un dirigeant achète une fois pour toutes les services d'un salarié et le rétribue d'un salaire versé chaque mois. Il n'achète pas ses compétences au coup par coup, mais une fois pour toutes. Avec un peu d'esprit d'abstraction, une économie sans entreprises est concevable. Pour construire un immeuble, un promoteur immobilier ferait appel à une multitude de travailleurs indépendants dont il dirigerait le travail. À l'inverse, on peut imaginer un monde sans marché, où une seule entreprise régirait toute l'économie. Certains commentateurs, en plaisantant mais avec dans la voix un fond d'inquiétude, soulignent que Google pourrait, dans quelques années, remplir cette fonction. La réalité s'est toujours trouvée entre ces deux extrêmes : le marché total et l'entreprise totale. Ronald Coase donne les raisons de cette ligne de partage en introduisant la notion de coûts de transaction. Acquérir des biens, des services ou des compétences sur un marché est coûteux : il est nécessaire de se renseigner sur la qualité et la disponibilité de ce dont on a besoin, de nouer des contrats, éventuellement de contracter une assurance. Passer par le marché permet une grande flexibilité mais peut s'avérer compliqué. Organiser une entreprise présente des avantages et des inconvénients d'un type différent. En recrutant un salarié, on peut « en disposer ». Une fois que son contrat est établi, on peut lui affecter des tâches comme on le souhaite, dans ce cadre contractuel. En même temps, au fur et à mesure de la croissance de l'entreprise, il est de plus en plus difficile de coordonner les actions de ses salariés et d'affecter son capital. Comment être certain que cette machine soit bien utilisée ? Si je la louais, j'aurais bien une idée de son coût aujourd'hui et de sa valeur. Mais, l'ayant achetée il y a dix ou quinze ans, je ne sais plus ce qu'elle vaut ; j'éprouve une difficulté à l'employer de façon économiquement rationnelle. Passer par le marché ou par une organisation comme l'entreprise pose donc des difficultés de natures différentes : de coût d'un côté, d'organisation de l'autre. Oliver Williamson, qui a reçu le prix Nobel d'économie en 2009, poursuivra à partir des années 1970 les travaux de Ronald Coase en précisant dans quel cas l'entreprise est préférable au marché[1]. Williamson pose deux hypothèses : d'une part, les agents économiques font preuve d'une « rationalité limitée ». Dans un environnement complexe, il leur est impossible de tout prévoir et de tout contractualiser ; d'autre part, les agents économiques sont « opportunistes ». Comme un contrat ne peut prévoir toutes les situations, il est possible pour certains individus de favoriser leurs intérêts au détriment, par exemple, d'une entreprise dont ils seraient salariés. Williamson

1. *Cf.* Oliver Williamson, « Transaction-cost economics : the governance of contractual relations », *Journal of Law and Economics*, 22, 1979.

peut alors montrer que l'entreprise est préférable à la coordination par le marché dans des environnements complexes et instables (par exemple quand les technologies changent) et quand elle fait appel à des investissements spécifiques, qui ne peuvent pas facilement être redéployés dans d'autres secteurs (pensez au secteur spatial ou à celui de la santé).

On aurait pu imaginer, avec la montée en puissance d'Internet à partir de la fin des années 1990, que le marché allait gagner du terrain relativement à l'entreprise. En effet, Internet a eu pour conséquence de réduire considérablement les coûts d'information et a donc, dans certains secteurs, permis une diminution de la taille des entreprises. Je me souviens que, pour être économiste dans les années 1990, il était nécessaire d'acheter des bases de données onéreuses que, dans les faits, seules les grandes compagnies financières et les universités pouvaient se procurer. À partir des années 2000, le coût de ces statistiques et de ces informations a chuté. C'est la raison pour laquelle j'ai pu créer une société d'études avec l'aide d'une poignée de collaborateurs, dans un secteur autrefois réservé aux banques ou aux grands cabinets de conseil. Internet a occasionné une atomisation de l'économie. À l'intérieur des entreprises, Internet a également permis une fluidification de la circulation de l'information entre des équipes resserrées et organisées par projets. Les entreprises, autrefois verticales, se sont « horizontalisées ». Les plates-formes de mises en relation comme Airbnb permettent une horizontalisation des échanges particulièrement poussée, en ce sens qu'elles permettent à des particuliers de réaliser des transactions marchandes sans faire appel à un tiers, en dehors, bien évidemment, de la plate-forme elle-même, preuve qu'une entreprise reste nécessaire.

L'entreprise n'a pas disparu et, corrélativement, le travail indépendant n'est pas devenu la règle. En France, 2,8 millions de travailleurs non salariés sont référencés par l'Insee, soit 12 % de la population active. Dans l'Union européenne, cette part est désormais de 15 % en moyenne, un peu moins qu'aux États-Unis. Dans les pays de l'OCDE, la France et le Royaume-Uni sont les économies où le nombre de travailleurs indépendants a le plus augmenté ces dernières années. Il aurait ainsi reculé aux États-Unis, en Corée, en Espagne, en Suède et en Italie, et augmenté moins rapidement en Allemagne et au Canada. L'entreprise Uber est souvent utilisée par la presse comme un emblème de cette mutation. En France, cette plate-forme fait travailler, grâce à des algorithmes qui remplacent les fonctions humaines de mise en relation, plusieurs milliers de travailleurs indépendants. Mais Uber officie dans un secteur utilisant depuis longtemps ce statut. L'entreprise californienne n'a pas révolutionné les formes d'emplois dans le transport avec chauffeur. En outre, environ la moitié des chauffeurs Uber sont salariés par des entreprises de transport. Des entreprises emblématiques comme Amazon font travailler un grand nombre de travailleurs indépendants (pour livrer des colis), mais le salariat résiste.

Le salariat va perdurer en se transformant. Il ne s'est pas étendu au XIXe siècle par hasard, mais comme le moyen de concilier les intérêts des capitalistes et des travailleurs. L'industrialisation avait amené les individus à quitter leurs villages pour rejoindre les usines, à proximité des villes. Les entreprises, verticales, dirigées par des maîtres et des contremaîtres, voulaient contrôler la quantité de travail de leurs employés. Il fallait les contraindre à se rendre à l'usine pendant un temps déterminé. Les employés souhaitaient, non pas être payés à la pièce, mais au temps de travail. Le salariat permettait de définir en un seul contrat un lien de subordination, un type de travail, un lieu de travail et un temps de travail.

La notion de temps de travail n'a plus guère de sens, ce qui rend le lancinant débat français sur les 35 heures anachronique et, en fin de compte, pénible. Passer la journée à l'usine devait être usant. Mais obliger un ouvrier à travailler 12 heures par jour et six jours par semaine n'était pas dénué de sens. Les ouvriers s'acquittaient de tâches définies et contrôlables. Il est possible de prévoir qu'en une heure, un ouvrier peut placer un nombre précis de pièces sur une chaîne de montage. Aujourd'hui, les robots, cobots – robots collaboratifs, assistant l'homme – ou pas, remplacent peu à peu le travail humain dans les usines et tant mieux ! Les emplois d'aujourd'hui et de demain font appel à des compétences plus humaines, à la création et à la relation plus qu'à la production. Dépendent-elles d'un temps de travail ? Pour mes livres ou mes conférences, mes meilleures idées me viennent quand je fais du sport, ce qui, fort heureusement, advient plusieurs fois par semaine. Mes courses doivent-elles être intégrées dans mon temps de travail ? Quand je suis assis devant mon ordinateur, il m'arrive malheureusement de passer plus de temps à poster des messages sur les réseaux sociaux ou à écouter les sonates de Schubert sur Deezer, espérant qu'elles m'apportent l'inspiration attendue. Dans quelle mesure est-ce du travail ? Et quand je suis au cœur de la rédaction d'un livre, j'en rêve la nuit. Est-ce à dire que je travaille 24 heures sur 24 ? C'est comme cela que je le vis en tout cas. L'entreprise moderne fixe un but (quand il est grandiose comme coloniser Mars ou vaincre le cancer, c'est mieux !) et, pour le réaliser, des objectifs intermédiaires. Le reste n'est que perte de temps et d'énergie. Bertrand Martinot, l'un des meilleurs spécialistes français de l'emploi, me parle d'un temps de travail « du troisième type », entre le temps passé dans l'entreprise et la déconnexion totale. Une sorte de zone grise d'où peuvent survenir les idées les plus géniales pour l'entreprise, c'est-à-dire pour le projet commun.

Le lieu de travail, pourvu qu'il disparaisse aussi ! J'aime bien cette idée d'Alvin Toffler : « L'une des choses les plus improductives de notre époque est de déplacer chaque matin des millions de personnes vers des zones de travail puis chaque soir vers leur domicile[1]. » Les individus travaillent de plus en plus loin de leur bureau, à la maison ou ailleurs. Évidemment, cette déconnexion entre le travail et le bureau ou la boutique n'est pas généralisable au commerçant ou au coiffeur. Mais enfin, dans le TGV ou l'avion, je ne vois que des gens qui travaillent, les yeux rivés sur des tableaux Excel à n'en plus finir. S'ils peuvent travailler ainsi dans les transports, que les entreprises les laissent davantage le faire chez eux. Vive le télétravail, qui n'en est qu'à ses débuts. Vive la maison comme nouveau lieu de production. Le fondu entre lieu de domicile et lieu de travail efface la frontière entre vie professionnelle et vie privée. Rien de neuf sous le soleil. Ce sont les usines du XIXe siècle qui ont érigé des barrières et éloigné les individus de leurs lieux de vie. Le XXIe siècle recolle les morceaux, pas toujours pour le pire. Nos

1. Alvin Toffler, *Le Choc du futur*, Gallimard, 1987.

temps de transport vont enfin diminuer. Nous pouvons espérer échapper aux réunions souvent débilitantes que nous imposent les entreprises. Le travail autonome se glisse dans nos lits mais évite la mobilité et la pollution inutiles.

Même la nature du travail est de plus en plus difficile à définir. Encore une fois, un coiffeur coiffe. Mais une infirmière ? Et quel métier, aujourd'hui, ne fait pas appel à la communication et à l'empathie ? Dans quelle entreprise ne demande-t-on pas aux salariés d'aller au-delà de la définition formelle de leur métier pour aider, innover, trouver des solutions ? Elle est loin, la manufacture d'épingles d'Adam Smith où un ouvrier était chargé de tordre des bouts de fer toute la journée. Aujourd'hui, un expert-comptable qui n'est qu'un expert-comptable est un mauvais expert-comptable et ce métier, ainsi pratiqué, n'a pas d'avenir. L'avocat qui n'est rien d'autre ne servira bientôt plus à grand-chose. L'heure est à l'initiative dans tous les domaines de l'entreprise.

Ainsi, le temps de travail, son lieu et même la nature du poste pourraient disparaître sans que cela signe la fin du contrat de travail salarié. Car restera alors l'essentiel : le lien de subordination. Lui ne disparaîtra pas, ce qui nous ramène à l'essence de l'entreprise telle que l'a définie Ronald Coase. Les coûts de transaction n'étant pas nuls, l'environnement étant de plus en plus complexe et changeant, l'entreprise conserve sa raison d'être. Seule une grande organisation peut orchestrer la construction de lanceurs spatiaux, de maisons intelligentes ou la commercialisation de tests sanguins pour prévenir le cancer. On ne déplace pas des montagnes solitairement et seul un groupe humain qui dispose à sa tête d'un chef charismatique, empreint de bon sens et à la ténacité insubmersible peut accomplir de grandes choses. Le numérique n'a pas tué l'organisation, il l'oblige à évoluer, à être plus horizontale et à laisser prospérer l'intraprenariat, cet « entreprenariat de l'intérieur ». Tant qu'il y aura des entreprises, il y aura des dirigeants et de nécessaires liens de subordination. L'entreprise est plus que jamais un « nœud de contrats », un réseau mouvant dans lequel s'engagent des individus, salariés, partenaires, désireux de travailler ensemble et de coopérer. Le salariat peut abandonner ses obligations de contrôle de temps et de lieu, héritages éculés du XIXe siècle. Mais la vision du leader, sa responsabilité, sa capacité à imposer ses décisions et la coordination rendue nécessaire par le projet demeurent.

La fin de l'aliénation

Désaliéner le travail, et non travailler moins : voilà notre grand sujet.

La notion d'aliénation est attachée à l'œuvre, immense, de Karl Marx. Marx s'est épuisé au travail, à force de lectures et d'écriture, de rencontres et de voyages. Il a sans cesse réalisé des allers et retours entre sa puissante pensée et la réalité. Il ne concevait pas qu'un intellectuel n'utilise pas son travail pour améliorer matériellement le sort de l'humanité. Sa vision du socialisme a découlé de son analyse des contradictions du capitalisme qu'il a vues se déployer. Il a permis au socialisme de passer du statut d'utopie à celui de science. Ce personnage fascinant, vrai révolutionnaire, sincèrement passionné par la cause des plus pauvres, esprit trop systématique, mais visionnaire, nous a légué beaucoup d'idées fausses, mais aussi des concepts et des outils géniaux comme la valeur travail (une valeur économique et non pas philosophique), la théorie de l'exploitation et celle de l'aliénation. Je le dis d'emblée : je ne suis pas Marx dans l'ensemble de ces développements. Mais je voudrais montrer dans les lignes qui suivent comment un marxiste cohérent devrait, s'il a véritablement lu et compris l'œuvre de son maître, considérer que les évolutions récentes du capitalisme permettent, au moins en partie, de « désaliéner » le travail. Marx aurait salué l'ubérisation.

La question à laquelle Marx souhaite répondre est moins la question traditionnelle : comment se forment les prix ?, que la question, plus originale et difficile : d'où vient le profit ? Qu'est-ce qui explique son existence ? Pourquoi les profits ne tendent-ils pas vers 0 ? Pourquoi sont-ils différents selon les secteurs ? Pour résoudre ce problème obsédant à l'époque de la montée du capitalisme industriel et du salariat, Marx distingue trois types de valeurs. Premièrement, la valeur d'*usage*, que les économistes « marginalistes » de la fin du XIXe siècle nommeront « utilité ». Il s'agit simplement de la valeur qu'un acheteur confère à la marchandise qu'il acquiert. Je n'achète pas une baguette de pain pour elle-même, mais pour la manger. C'est cette vocation alimentaire qui lui confère une valeur d'usage, pour laquelle je suis prêt à payer un prix. Ce prix, c'est la *valeur d'échange*, deuxième catégorie de valeur, qui est la résultante de la confrontation entre l'offre et la demande, et qui découle, notamment, de la valeur d'usage, mais aussi des conditions d'offre. Si des inondations ont fait baisser les récoltes de blé, la production de pain chute et le prix de la baguette augmente. Si le nombre d'habitants de mon village est divisé par deux, et pas le nombre de boulangeries, le prix de la baguette va baisser. Il existe donc des liens entre valeur d'usage et valeur d'échange, mais pas de correspondance parfaite, puisque la valeur d'usage est subjective, individuelle et assez stable dans le temps. La valeur d'échange, en revanche, est collective dans la mesure où elle ne s'applique en principe pas uniquement à une seule personne. Troisième type de valeur : la *valeur travail* qui, comme la valeur d'usage, influence la valeur d'échange. Pour Marx, la valeur travail correspond au temps de travail incorporé dans une marchandise. Certes, la plupart des objets sont fabriqués à partir d'autres marchandises, brutes ou semi-finies (des « biens intermédiaires »). En outre, dans la quasi-totalité des cas, les individus utilisent, en plus de leur propre force de travail, des machines. Mais ces machines elles-mêmes ont été produites, *in fine*, grâce à du travail humain. D'une certaine façon, toute marchandise, y compris un robot hybridé à une intelligence artificielle, n'est que travail cristallisé en elle. Marx considère donc que la valeur travail d'un objet provient du temps que les individus ont consacré à sa réalisation, ajouté au temps qu'il a fallu pour fabriquer les biens intermédiaires, les machines, et pour extraire les matières premières (ce que Marx nomme le « travail mort »).

Contrairement à ce qu'exprime Marx, la valeur d'échange ne dépend pas du travail. Une goutte d'eau dans le désert a une valeur infiniment plus grande qu'une cathédrale en allumettes. Mais Marx a besoin de la théorie de la valeur travail pour fonder celle de l'exploitation.

En effet, si les capitalistes paient les salariés (que Marx appelle ouvriers ou prolétaires) à la valeur travail, ils ne réalisent pas de profit. Or c'est bien ce mystère du profit positif que Marx cherche à éclairer. La solution, une fois énoncée, apparaît limpide : les capitalistes n'achètent pas le « travail » des salariés, mais la « force de travail » des salariés, qui correspond à un minimum vital : les salaires versés doivent leur permettre de se nourrir, de se vêtir, de se loger, juste pour reproduire leur « force de travail », ni plus ni moins. La différence entre salaire et valeur travail est la plus-value, extorquée par les capitalistes aux travailleurs. Pourquoi les capitalistes sont-ils en mesure d'extorquer une plus-value ? Simplement parce que, détenteurs des moyens de production, ils peuvent exercer, explicitement ou non, un chantage à l'emploi, qui est également un chantage à la subsistance : ceux qui ne veulent pas travailler au salaire proposé peuvent aller voir ailleurs ! Marx appelle exploitation le processus qui consiste à payer finalement moins d'heures de travail que ce qui a été nécessaire pour produire. Pour augmenter ses profits, le capitaliste doit intensifier l'exploitation des travailleurs, par exemple en augmentant le nombre d'heures travaillées, ou alors en substituant aux individus des machines qui automatisent la production au travail, ce qui créera, selon Marx, chômage et misère. Marx s'est complètement trompé sur ce point. C'est la classe ouvrière qui a le plus bénéficié du développement économique du XIXe siècle. L'exploitation doit en outre être fortement relativisée : les salaires sont largement supérieurs aux salaires de subsistance dans une économie flexible et au plein-emploi, et les capitalistes apportent aux salariés des moyens de production et des clients qu'ils auraient du mal à trouver s'ils restaient seuls.

Si *Le Capital*, livre difficile, faisant appel à un haut degré d'abstraction, a pu devenir la bible du prolétariat du XIXe siècle, c'est parce qu'il explique scientifiquement la condition des travailleurs. Marx a fait passer l'exploitation capitaliste du commentaire politique à la science économique. Voilà ainsi théorisée la source de toutes les politiques socialistes qui auront pour but de rééquilibrer la relation entre le salarié et le capitaliste, notamment la création de syndicats de salariés, les salaires minimum, les congés payés et le droit du travail. Malgré ses erreurs, la pensée marxienne met en lumière trois éléments toujours utiles au XXIe siècle :

– Tout capital a pour origine du travail. Le travail est donc à l'origine de la valeur de toutes choses.
– Le travailleur est exploité si son salaire est inférieur à la valeur de sa production.
– Le travail salarié est aliéné. Voilà pourquoi de nombreuses personnes, le dimanche soir, ressentent une forme de tristesse ! Le travail est aliéné car le salarié n'est pas propriétaire de la totalité de la valeur qu'il crée. Mais l'aliénation ne puise pas que dans cette idée. Le travail, souvent, n'est pas libre. On peut choisir d'écrire des livres, mais on ne souhaite pas travailler à la chaîne toute la journée. En conséquence, dans bien des cas, le travail remplit essentiellement, de fait et bien que ce ne soit pas sa seule vocation, une fonction financière : il n'est que moyen de gagner son dû pour survivre. Il est amputé de ses fonctions d'humanisation.

Le travail n'est donc pas le problème en soi. Mais le travailleur peut être exploité et son travail aliéné. Dans ses *Manuscrits* de 1844, Marx écrit : « L'activité de l'ouvrier est la perte de soi-même. »

Cette perte, beaucoup, ouvriers ou non, la ressentent et en souffrent. Charles Péguy, dans *L'Argent*, publié en 1931, raconte le culte du travail bien fait : « Ces ouvriers ne servaient pas. Ils travaillaient. Ils avaient un honneur, absolu, comme c'est le propre d'un honneur. Il fallait qu'un bâton de chaise fût bien fait. C'était entendu. C'était un primat. Il ne fallait pas qu'il fût bien fait pour le salaire ou moyennant le salaire. Il ne fallait pas qu'il fût bien fait pour le patron ni pour les connaisseurs ni pour les clients du patron. Il fallait qu'il fût bien fait lui-même, dans son être même. Une tradition, venue, montée du plus profond de la race, une histoire, un absolu, un honneur voulait que ce bâton de chaise fût bien fait. Toute partie, dans la chaise, qui ne se voyait pas, était exactement aussi parfaitement faite que ce qu'on voyait. C'est le principe même des cathédrales. »

Heureusement, il est possible de faire mentir Marx et de réconcilier les travailleurs et leur travail, même salarié. La désaliénation passe par trois évolutions. Déjà, les travailleurs doivent être rémunérés à hauteur de ce qu'ils rapportent à leur entreprise. Pas en totalité évidemment puisque, dans ce cas, l'entreprise ne réaliserait plus de profit et n'investirait plus. Marx est emporté par son idéologie : cette exploitation, si on considère qu'elle existe, est de toute façon acceptable car l'économie de marché, alimentée par le carburant du profit, a permis aux travailleurs de sortir de la misère là où le socialisme, en Argentine, au Venezuela, en Bolivie, a parfois réussi à les replonger. Le partage de la valeur ajoutée doit être raisonnable : il ne doit favoriser outrancièrement personne. Point besoin de loi pour cela, mais de tempérance. Ensuite, les entreprises doivent être capables de toujours rappeler aux employés ce qu'ils apportent. Sans cesse, il faut leur montrer le résultat de l'action collective. Une femme de ménage, dans un hôpital, contribue à la guérison des patients comme un médecin. Si jamais elle perd de vue ce sens, il faut savoir lui rappeler. Enfin, il faut, le plus possible, laisser les salariés libres de s'organiser. Dirigeants d'entreprises : faites-leur confiance. Sinon, changez votre personnel. Et si vous n'êtes jamais capables d'accorder votre confiance, changez de métier.

Pour l'autonomie des travailleurs

L'aliénation la plus nette et la plus grave est celle qui enchaîne les salariés à une bureaucratie. Non que le salarié doive être totalement libre ! L'entreprise est un projet collectif, et chaque collaborateur doit œuvrer dans ce but commun. Mais de quelle façon ? Lucie Davoine rappelle que les salariés recherchent leur autonomie[1]. Le désamour du travail et de l'entreprise émane souvent du fait que, au fur et à mesure que les salariés aspirent à plus d'autonomie, les entreprises leur en laissent de moins en moins. Je vois encore des halls d'accueil avec des pointeuses. Je vois encore des directeurs des ressources humaines qui refusent le télétravail, accrochés qu'ils sont au contrôle maladroit qu'ils croient exercer sur leurs collaborateurs. Quelle misère !

Évidemment, le travail indépendant, par définition, apporte une autonomie puisqu'il supprime le lien de subordination. C'est peut-être la raison pour laquelle, selon les pays, 30 à 60 % des personnes interrogées souhaiteraient leur indépendance. Elles ne perçoivent

1. Lucie Davoine, *Économie du bonheur*, *op. cit.*

pas que l'indépendance peut générer une perte d'autonomie d'un autre type : la dépendance du dirigeant d'entreprise à ses clients ou à ses salariés. En effet, les salariés peuvent absorber subrepticement toute l'énergie d'un dirigeant. On se croit libre car au sommet d'une pyramide. On ne voit pas qu'on est comme un parent enchaîné aux barreaux d'un lit d'enfant. Les salariés ont besoin d'être formés, motivés, contrôlés... Il faut redoubler d'attention à l'égard des meilleurs. Dans le climat créé par le droit du travail français, il faudrait presque les chérir et les border faute de friser le harcèlement. Un dirigeant m'avait dit un jour : « Quand j'étais salarié, je voyais mes patrons dans mes cauchemars. Maintenant que j'ai créé mon entreprise, je vois mes salariés. » L'indépendance n'est pas un statut car aucune protection juridique n'empêche les rapports de force. L'indépendance est un projet et une bataille jamais gagnée.

L'autonomie est possible dans le cadre du salariat, à partir du moment où les notions de temps et de lieu de travail sont relâchées. C'est justement le sens de l'histoire. Chers dirigeants, laissez vos collaborateurs travailler ! Peu importe où ils sont et comment ils s'organisent. Ce que vous reprochez à l'État, cette volonté bureaucratique de tout organiser, pourquoi l'imitez-vous avec zèle dans vos entreprises ? Faites partager un projet, indiquez une direction, donnez des moyens, contrôlez de temps en temps. Le reste du temps, quittez vos entreprises où vous êtes trop souvent. Cela entraînera une baisse de 75 % des réunions. Cela tombe bien puisque 75 % au mieux ne servent à rien, au pire épuisent vos collaborateurs et détruisent de la valeur. Lisez, réfléchissez, voyagez, faites du sport.

Laissez de l'autonomie, prenez votre autonomie. Vive l'indépendance !

Le sens

Le travail émancipe l'homme si on lui donne les moyens de voir les résultats de son travail. Cette contemplation lui permet d'avoir conscience de son humanité. Une personne toujours oisive ne peut pas avoir conscience d'elle-même comme humain, mais c'est aussi le cas d'un individu qui travaille mais ne peut pas en percevoir les fruits. Ce point me semble central car je vois tellement d'entreprises dans lesquelles les collaborateurs n'ont pas la capacité de voir ce qu'ils font. La presse mondiale a beaucoup évoqué, ces derniers temps, la montée des cas de *brown out* dans les entreprises. On s'était déjà largement ému de la montée du nombre de *burn out*, cette maladie qui frappe les personnes surmenées au travail, sans doute plusieurs centaines de milliers en France. On commençait également à observer des cas de *bore out*, cette pathologie qui affecte les collaborateurs des entreprises ou les fonctionnaires qui « meurent » d'ennui. Le *brown out*, bien qu'on en parle moins, me semble au moins aussi symptomatique des dysfonctionnements d'un grand nombre d'entreprises. À force de créer de la bureaucratie et d'infliger aux salariés des réunions à n'en plus finir qui ne servent dans les trois quarts des cas absolument à rien, on leur ôte la capacité à comprendre le sens de leur travail et à en contempler le résultat concret. Un artisan court peu de risques de souffrir d'un *brown out*, mais un collaborateur d'une entreprise qui travaille toute la journée sur un ordinateur dans un bureau, tyrannisé par un management qui justifie son existence en organisant des réunions de plusieurs heures, oui ! Dirigeants d'entreprises et managers, épargnez à vos collaborateurs les obligations qui les détournent du véritable objet de leur travail, faites-leur confiance, laissez-les respirer, donnez-leur du temps libre et tâchez de leur montrer le résultat tangible de leurs actions. Vous verrez reculer d'un même mouvement les *burn out* et les *brown out*.

Je suis toujours impressionné de voir comment fonctionne une brigade de cuisine, y compris dans les émissions de télévision que je regarde avec mes enfants. Le bon chef explique et montre à tous à quoi ressemblera le plat, il décrit le comment et le pourquoi, puis délègue à chacun. Ainsi, en donnant du sens au départ, il accroît l'efficacité de son équipe et donne une direction au travail collectif. Cela montre bien qu'une hiérarchie peut être bonne, à condition d'expliquer, d'intégrer chacun à l'aventure entrepreneuriale.

Le résultat du labeur doit avoir une valeur morale car le travail, lui, n'en a pas. Voilà un sujet qui ne laisse pas d'étonner les dirigeants d'entreprises, persuadés que cette « valeur travail » existe. Comme l'a montré André Comte-Sponville dans plusieurs conférences, cette valeur n'existe pas en soi. Elle n'est pas conférée par le travail. J'ai écrit dans les pages qui précèdent que le travail nous était nécessaire, aujourd'hui plus que jamais, mais bien d'autres choses nous sont primordiales qui ne sont pas morales (ni immorales). J'ai besoin de dormir, de boire et manger, de faire du sport et de faire l'amour. Sont-ce des actes moraux ? Évidemment non. Le travail n'est pas une valeur en soi sinon, comme le remarque fort justement Comte-Sponville, il ne serait pas payé. Reçoit-on une indemnisation pour être juste, pour être bon ou pour aimer ? Le travail est une nécessité, un outil, le meilleur moyen pour nous, humains, de construire notre monde, de bâtir notre liberté, de nous humaniser. C'est un outil magnifique, mais l'outil ne donne pas le sens. L'humanisation peut être la pire des choses puisque la liberté peut servir le pire des desseins. Hitler était sans doute un assez grand travailleur. Il était profondément humain car aucun animal n'a souhaité, pour son propre plaisir, tuer tout un peuple, organiser le mal, faire le monde à son image. Rien n'est plus faux que ces propos de comptoirs ânonnés après chaque attentat : « Les terroristes ne sont pas humains, ce sont des animaux, ils sont lâches... » Justement, les terroristes sont parfaitement humains et il ne faut pas être lâche pour se faire exploser par une bombe que l'on porte. Aucun animal ne se sacrifie et tue ses congénères pour sa religion. Le travail vaut par ce qu'il permet d'accomplir. C'est la raison pour laquelle le travail dans une usine de cigarettes n'a pas la même valeur morale que le travail dans un hôpital. Il peut avoir la même valeur économique. Il se peut même que l'ouvrier d'une usine de cigarettes reçoive un salaire plus élevé que l'infirmière. Mais cette valeur économique ne nous enseigne rien sur la valeur éthique liée à chacune de ces deux activités. On entend souvent que le travail doit avoir un sens. C'est vrai mais cela ne nous dit pas grand-chose. Il doit avoir un bon sens ou, plutôt un sens bon.

Boris Cyrulnik a raconté plusieurs fois cette histoire. Un voyageur passe sur une route de campagne. Il y croise un tailleur de pierre, la figure rouge, le front transpirant, la mine harassée et miséreuse. « Que fais-tu ? lui demande-t-il. – Tu le vois bien, répond le tailleur dans un souffle, je taille des pierres. » Quelques kilomètres plus loin, il croise un autre tailleur de pierre, le regard neutre. « Que fais-tu ? – Je travaille pour payer des études à mes enfants. » Quelques kilomètres plus loin, un troisième tailleur de pierre chante, les traits souriants. « Et toi, que fais-tu ? – Je construis une cathédrale ! »

Travailler beaucoup, oui ! Travailler durement, oui ! Dans la joie, souvent, sous la contrainte, parfois. Mais être capable de percevoir ce pour quoi nous travaillons, en mesurer les résultats. Être certain que cela améliore le monde ! Les NBIC, la robotique et l'intelligence artificielle peuvent constituer un fantastique vecteur de progrès humain. Mais le progrès est une possibilité, ni plus ni moins. C'est un choix, le choix du sens donné au travail humain.

Conclusion

La fin du travail n'adviendra pas si nous ne la souhaitons pas et si nous comprenons que, face à la mutation technologique aujourd'hui, face à l'intelligence artificielle forte demain, seul le travail peut, non seulement sauver l'humanité, mais aussi la faire grandir.

Travailler, c'est être, autant qu'il est possible, maître de sa vie et cela concerne tous les âges. Le travail, c'est le don d'une partie de soi, de son temps, de son corps, de son effort pour construire le monde. Kessel évoquait ainsi Mermoz dans sa biographie de l'aviateur : « Déjà, Mermoz ne se "marchandait" pas au travail. Du moment où il eut son avion sanitaire, il ne connut plus de bornes à l'effort. [...] Certaines semaines il fait des milliers de kilomètres, ce qui, à l'époque et avec les appareils de ce temps, représentait pour un jeune pilote une énorme dépense physique et nerveuse. Mais il n'y pense pas. Mieux, il s'enivre de sa fatigue. Il est fier de donner ses muscles de vingt ans, sa science neuve de l'air à une œuvre humaine[1]. »

Dans un entretien à la télévision, Frédéric Dard avait dit : « Quand tu entres dans le travail, ça n'a plus d'importance que tu meures un jour. » Il affirmait aussi

1. Joseph Kessel, *Mermoz*, Gallimard, 1972.

que, dans la vie, seuls comptent l'amour et le travail. Les deux sont liés. L'amour et le travail nous forcent à donner et nous projettent hors de nous. Sans travail, il n'est point de progrès humain ou de grandes œuvres d'art. Sans amour, il n'est point de sens à la vie[1]. Le travail n'est pas une valeur en soi. Il est la condition nécessaire du progrès technologique et humain. Être travailleur ne fait pas de nous un être moral, mais la paresse est un défaut. Le travail, comme la technologie, peut être le moyen du mal, mais il est nécessaire au bien. Écoutons Antoine de Saint-Exupéry dans *Terre des hommes* : « L'avion, ce n'est pas une fin, c'est un moyen. Ce n'est pas pour l'avion que l'on risque sa vie. Ce n'est pas non plus pour sa charrue que le paysan laboure. [...] On fait un travail d'homme et l'on connaît des soucis d'homme. [...] On attend l'escale comme une terre promise, et l'on cherche sa vérité dans les étoiles. » Ou encore, parlant de son ami Guillaumet : « Responsable de lui, du courrier et des camarades qui espèrent. Il tient dans ses mains leur peine ou leur joie. Responsable de ce qui se bâtit de neuf, là-bas, chez les vivants, à quoi il doit participer. Responsable un peu du destin des hommes, dans la mesure de son travail. [...] Être homme [...]. C'est sentir, en posant sa pierre, que l'on contribue à bâtir le monde. »

Dans l'art, comme dans l'innovation ou les technologies, il n'est nul génie sans travail ou alors, qu'on me donne un exemple ! Balzac a passé sa vie assis devant une table de travail, écrivant toute la journée sans relâche. Croit-on que *La Comédie humaine* ait été enfantée sans douleur ? À 20 heures, il s'endormait, épuisé, pour se relever à minuit. À l'heure où

1. *Cf.* Luc Ferry, *La Révolution de l'amour*, *op. cit.*

le monde sommeillait, il éveillait ses personnages en se fouettant au café noir pendant plus de dix heures. Flaubert, lorsqu'il termine l'écriture de *Salammbô*, se plaint de son surmenage à Jules de Goncourt : « Je sue du sang, je pisse de l'eau bouillante, je chie des catapultes et je rote des balles de frondeurs. Tel est mon état[1]. » Kant se levait chaque matin à 4 h 55 et n'est presque jamais sorti de Königsberg. L'édification de son œuvre ne lui permettait pas une autre vie. On peut néanmoins travailler et voyager, j'en sais quelque chose. Mario Vargas Llosa a expliqué de nombreuses fois que le travail structure des vies désorganisées par les déplacements, les décalages horaires, les rencontres imprévues. L'écriture est une ascèse dans des vies que le mode de vie contemporain empêche d'être ascétiques.

Seuls le travail, la ténacité, l'application, l'obstination peuvent faire des prodiges. Balzac, Picasso, Freud, Flaubert, Voltaire, Mozart, Dostoïevski consacraient peu de temps aux loisirs. Sans doute étaient-ils parfois las. Rien ne m'insupporte autant que tous ceux qui m'enjoignent de prendre soin de ma santé ou qui me trouvent la mine terne. Oui, je suis fatigué car je travaille ! Je n'en suis pas moins en excellente santé. Travail, sport, amour, voilà qui laisse peu de place au repos. Et alors, ai-je l'air de m'en porter moins bien que ceux qui, heureux de partir en week-end le vendredi, sont tristes de commencer leur besogne une fois tombé le crépuscule du dimanche soir ? À ces obsédés du bien-être et du repos, je dédie ces quelques vers de Robert Lamoureux :

1. Lettre du 27 septembre 1861. L'abondante correspondance de Flaubert témoigne de cette obsession du travail, de cette « orgie perpétuelle » littéraire, pour reprendre l'expression de Mario Vargas Llosa.

Vous me dites, Monsieur, que j'ai mauvaise mine,
Qu'avec cette vie que je mène, je me ruine,
Que l'on ne gagne rien à trop se prodiguer,
Vous me dites enfin que je suis fatigué.
La fatigue, Monsieur, c'est un prix toujours juste,
C'est le prix d'une journée d'efforts et de lutte.
C'est le prix d'un labeur, d'un mur ou d'un exploit,
Non pas le prix qu'on paie, mais celui qu'on reçoit.
C'est le prix d'un travail, d'une journée remplie,
C'est la preuve, Monsieur, qu'on vit avec la vie.

Névrose ? Peut-être. C'est en tout cas l'idée de Freud. Le travail est une sublimation de pulsions réprimées. Et alors ? Le travail, Freud l'écrit noir sur blanc, est une solution, s'il est librement choisi[1]. L'homme qui travaille librement enrichit le monde. En revanche, l'activité professionnelle subie par la seule nécessité de gagner de l'argent ne résout rien. Elle transforme des problèmes psychologiques individuels en malheurs sociaux.

Le salut de l'individu réside dans le travail, travail choisi, travail sensé. Pas toujours joyeux, non, car la difficulté est pénible. Rêvons d'un monde où les travailleurs, salariés ou non, ne veulent pas prendre leur retraite. Rêvons d'un monde où l'on travaille jusqu'à la mort car le travail fait reculer la mort. Rêvons d'un monde où l'on n'aime pas le dimanche, non parce qu'il précède le lundi, mais parce qu'il s'écoule trop lentement. Rêvons d'un monde où la dureté des réveils les matins obscurs d'hiver est compensée par la motivation d'aller construire le monde. N'exigeons pas du travail

1. *Cf.* Sigmund Freud, *Malaise dans la civilisation*, Payot, 2010.

qu'il ne soit jamais difficile, mais que ses conséquences l'emportent sur la fatigue. Que notre travail améliore le monde ! L'esclave devient le maître et le maître devient l'esclave. Jouons au plus fin avec l'intelligence artificielle, la faible aujourd'hui, la forte demain. Elle n'a pas lu Hegel. Elle ne sait pas que, tant que l'homme travaillera, il sera le maître du monde. Tant que l'homme travaillera, l'humanité sera humaine.

Table

Introduction 9

1. L'infinitude du travail 13
L'histoire de la fin du travail 13
De la dialectique à la tragédie 29
Le travail survit aux métiers 35
Le progrès technologique multiplie les emplois 40
La théorie du déversement fonctionne toujours 44
Les causes du chômage contemporain 50
La technologie et l'immigré comme figures du bouc émissaire 53

2. La peur de l'accélération 59
La fabuleuse capacité d'adaptation des humains 59
Le combat pour le temps et l'espace 62
Le vertige de l'intelligence artificielle 65
L'intelligence artificielle faible est complémentaire du travail humain 68

Flexibilité et formation sont les conditions du progrès 73
Le métier de l'homme : coopérer avec l'intelligence artificielle pour construire le monde 76
Le siècle du *care* 84
Les hôtels où je dors 88
Ferais-je l'amour avec un robot ? 90
Tous les artistes sont des humains 93
Concilier l'intelligence artificielle forte et le progressisme 97
Taxer les robots 108
Le chagrin des classes moyennes 114
Monopolis 123
La justice sociale pendant la destruction créatrice 131

3. Le travail, sauveur de la civilisation 135
L'esclave n'est pas celui qu'on croit 135
L'esclavagisme appauvrissant 140
Le travail, héritage de la chrétienté et berceau de l'Occident 145
Ce que la France a perdu avec les protestants.. 153
La tristesse de ne pas travailler 158

4. La nouvelle société du travail 163
Contre le revenu universel 163
L'incitation au travail 169
La Constitution française bafouée 173
Le nouveau salariat 178

La fin de l'aliénation.. 186
Pour l'autonomie des travailleurs 192
Le sens 194

Conclusion 199

Composition et mise en pages
Nord Compo à Villeneuve-d'Ascq

Achevé d'imprimer en octobre 2017
sur les presses de Normandie Roto Impression s.a.s.
61250 Lonrai
N° d'impression : 1704403

Imprimé en France